經歷生命的奇蹟

一個基督徒的信仰見證

一個基督徒的信仰見證

認識耶穌基督轉眼有十年的時間了，在我生命最低盪的時候遇見主，靠著神的恩典和應許，支撐起我整個人生。耶穌有一則比喻是這樣的：

耶穌說：「一個債主有兩個人欠他的債，一個欠五十兩銀子，一個欠五兩銀子，因為他們無力償還，債主就開恩免了他們兩個人的債。這兩個人哪一個更愛他呢？」西門回答說：「我想是那多得恩免的人。」耶穌說：「你斷得不錯。」（路加福音七章 41-43 節）

神和我們的關係「恩免多，愛也多」，我們和神的關係「愛多，恩免也多」。我就是那欠五十兩銀子得恩免的人。我曾經是一個失去生命的盼望，多次嘗試自殺未果的人。「人因希望而活著，因失望而死去」正如這句名言，我的人生曾是如此。我們的人生，往往很難按照我們的計畫來走，因為計畫總趕不上變化，而變化又多的難以細數。人總是要在回頭看的時候，才知道這是一種安排，神的計畫永遠比我們好，因為祂比我們更了解我們自己。我們在出母腹之前，神就認識我們了。神

是靈，一旦孕育成為生命，靈就已經在其中了。胚胎的初期都是頭大身小的蝌蚪狀，可見頭腦是最先擁有的一個部分，然後身體才逐漸長大，成為一個完整的個體，擁有靈、魂、體是神造人的原則。

我們擁有的一切都是神所賜的，天賦、才能、智慧、能力等等，而神更賜下了聖靈的恩賜，呼召我來做主工，一開始我有很多疑惑，因為當時不能分辨主的聲音，聽見主的話語。在和主同行的過程中，直到近期才漸漸明白神的旨意，要我過怎樣的生活。我開始思考，神多次救我，是我的救命恩人，我能用什麼來回報祂的愛呢？

整理見證的過程中，看見神在我的生命中，原來是有計劃的，我有命定需要去完成神的旨意，太多奇妙的事串連在一起，就絕非偶然了。我願意把神給我的豐富恩典和大家分享，讓大家更明白，神是一位怎樣的神，本書中十個主題是神所定的，當我決定一切交由神來決定，使用我的見證，成為神的代筆人。前一晚禱告時將自己要如何寫，寫些什麼，皆詢問神。第二天早上神就會告訴我，當意念一直進來，我就趕快記下來，十個主題就是這樣來的，也把祂要我寫的重點提示記下來。在動筆寫的第一天，我在筆記本上記下七個重點：

前言PREFACE

❶ 我為什麼活著？

❷ 活著的存在意義和價值是什麼？

❸ 怎樣認識基督信仰？

❹ 基督信仰帶給我什麼樣的改變及影響？

❺ 人活著最重要的是什麼？

❻ 追求永生的途徑和方法？

❼ 如何安息主懷且能見主面？

一直以來，我個人的書寫方式都比較隨興，想到什麼就寫什麼，然而這回神提醒了重點，是祂要傳達訊息給大家。有些訊息進來時，我並不明白含意，也不知和寫作內容有何關連，例如「絕對值」這三個字出現時，我真是一頭霧水，在依賴神與神同工的整個過程中，常令我驚呼連連，神真是太有意思了！這個接那個，竟然如此妥切適當。

我有記錄見證的習慣，因為見證是獨一無二的事實，是確確實實發生過的事，而我的見證中有許多神的作為在其中。為了讓我的見證有理有據，而非我一廂情願的說法，我閱讀了諸多書籍。其中大衛·鮑森是我頗為認同的解經家和傳道人，他的論述和觀點有些部分並不討喜，但是他很誠實地說出真相，不刻意去迎合聽道的人，

總是提出很多良心的勸告，不把基督信仰過度簡化為「信耶穌得永生」。本書中也引用了許多他的觀點，來補強我見證的力度。這是神美好的提醒，透過大衛‧鮑森許多的著作，我更加明白聖經的話語，也更理解「聖靈」在整個新約聖經中，扮演多麼重要的角色。

聖經真理和聖靈大能都是基督信仰中不可或缺的元素。大衛‧鮑森主張：「成為基督徒需要經歷四個階段，一、悔改向神，二、相信耶穌，三、接受洗禮，四、領受聖靈。」悔改的意念、言語要以實際行動表達出來，除了言語改變，行為也改變，必須不再犯同樣的錯誤，有機會的話要去彌補曾經犯下的過失，生命改變是悔改的證據。相信耶穌乃是「口裡承認，心裡相信」，必須接受祂在我們的生命中掌權。信心的行為，使我們的生命得以擁有祂的義，不只是接受神話語的真理，而是按這些真理行事。

我的經歷是先領受聖靈，因為被聖靈充滿的經驗，使我對滿有聖靈同在更有信心。我也深信，只要將生命全交在神手中，我必能按祂的旨意成就任何事。接受洗禮是為一個能在道德上負責的人，所採取的自願行為，洗禮是為了洗淨罪，是在於良心而非身體的潔淨。「洗

禮」是我們和神立了約，從此過聖潔的生活，因為人無
聖潔無法見主面。一個人要在見主面前保持聖潔，並不
容易，因此耶穌才需要差遣聖靈來幫助我們。領受聖靈
是恩典的禮物，它無法賺取、交易或靠行為取得，只能
用感恩的心接受或拒絕，我們透過聖靈修復更新我們的
身、心、靈。

　　我們的心是神的居所，是和神交通，領受神話語的
禱告室，也是彰顯神大能的地方。因此我們要保守我們
的心，勝過保守一切，因為一切的果效，是從心發出來
的。所以我們要維護心不受傷害，也不受污染，時時保
持內心的潔淨，過聖潔的生活，而我們倚靠聖靈來擁有
這一切。

　　曾經我的身體被不好的靈長期盤踞內心，幾乎要了
我的命，所幸聖靈內住之後，驅逐了所有不該屬於我的
靈，心裡自此有了巨大的改變。被聖靈充滿之後與聖靈
有了真正密切的關係，神的內住不再只是觀念，而是親
身體驗的事實。當我把生命主權歸給耶穌掌管，聖靈內
住之後，我的靈、魂、體再也不受攪擾，也不再懼怕邪
靈，牠們再也與我毫不相干。

　　我是領受神諸多恩典的獲益人，也很滿意神介入後

的生命。聖靈是我的引導者，真理的導師，保惠師，也是我的幫助者和安慰者，神在我多次面臨生死交關之際救了我。自從大難不死之後，我想要藉著自己的親身經歷，讓大家了解，我們相信、信靠的神，是怎樣的一位神！我希望我認識的基督信仰和親身見證，能帶給尋求神的未信者以及已受洗信主的基督徒，了解在耶穌基督裡，一切都是「是的」，「是的」表示絕對正確，唯有走在對的道路上，作出對的選擇，作出對的決定，作出對的事情，一切就都對了。與神同步、同心、同行，就必然時刻與祂同在。福音是人的得救繩索，當初有人將得救的繩索丟給了我，我永遠對救我的人充滿感激。現在換我拋出得救的繩索給需要「得救」且願意「相信」耶穌的人。

目錄CONTENTS

第 **1** 篇

我所理解的基督信仰

神憐憫我們，賜下赦免、拯救、教導、祝福，以及應許
不配得的未來。救恩開始於我們的靈與神和好，一旦和
好，就必須在身體和心理方面實踐出來。有正確的信仰，
就會產生正確的行為，從而產生正確的品格，最後產生
正確的言談。基督信仰是要我們過負責任的生活。

認識基督信仰

　　基督信仰和一般宗教最大的不同，在於不看重儀式，看重內心。相信耶穌是信仰，「基督徒」的由來，是稱呼信仰基督的一群人，太多人以為信仰生活，是從基督徒的行為開始，但並非如此，要先認識基督的信仰，要經歷、歸信，才到行為。倘若已經清楚基督信仰，也在心中經歷了救恩，卻沒有在日常生活中實踐出來，那只是半個基督徒。完整的基督信仰是由信心和行為、教義加上行動所組成。神憐憫我們，賜下赦免、拯救、教導、祝福，以及應許不配得的未來。

　　救恩開始於我們的靈與神和好，一旦和好，就必須在身體和心理方面實踐出來。神要得著我們的全人。除了靈是歸主的，也必須將身體和魂（心思）給祂，否則祂不接受。我們的身體是自由獻上，自願給予，心思是自願改變與更新。神是給我們自由意志的神，祂也是擁有自由意志的神，甘心樂意才是神所喜悅的。當基督為我們受死，付出罪的代價時，祂不只買贖我們的靈魂，也買贖我們的身體。但祂不會強迫我們把身體獻上，儘管這個身體是屬於祂的。願意將身體自由獻給祂（聆聽

的耳，看見的眼，發聲的嘴，奔走的腳，工作的手），
獻上自己為主所用，是個人的意願。我們知道福音，聽
過福音，就在口裡，就在心裡，我們已經得到了，只需
要應用出來。回應福音包含在內在和外在的。

　　聖經所說的「心裡」是指內在人格，包括了心思、
感情、意志、感受、動機，外在則是行為的部分，表裡
如一，才是真正的誠實。

來自正確源頭的智慧

　　神賜下各種能力和恩典，給願意領受的人，神也賜
下屬天的智慧和屬靈的能力，給所有願意領受的人，沒
有什麼比得上神所賜的。智慧有兩種：屬世的智慧和屬
天的智慧。屬世的智慧是自然臨到人類的智慧，屬天的
智慧是超自然臨到的智慧。屬世的智慧不是來自神，而
是來自世界、肉體、魔鬼，因而經常伴隨虛假。最終引
人走入歧途的智慧，其中有嫉妒、紛爭，必然引起麻煩，
帶來混亂或擾亂，使人們分裂、困惑，造成混亂。當心
理上無法掌控情況，心理上失控，道德也失控，各種道
德敗壞與邪惡的行為油然產生。

　　屬世的智慧無法處理人類的問題，沒有足以解決真正問題所需的智慧。人類不斷更換政府，希望他們有智慧解決事情，但卻只是「一群罪人出去，另一群罪人進來」。屬世的智慧欠缺能力，是因為來自錯誤的源頭。而屬天的智慧是從上頭來的智慧，它來自聖靈，是屬靈的智慧，是聖靈的恩賜，是真實的智慧。沒有隱藏的動機，沒有祕而不宣，都是光明正大，好與壞不混雜。因此屬天的智慧，沒有隱瞞、沒有奸詐，是直截了當和公開的，而屬世的智慧則是含糊閃避、模稜兩可、鬼鬼祟祟，往往導致惡性競爭的社會，為爭奪利益而劍拔弩張。

　　屬天的智慧則是和平而非爭競，能使人合一，解決歧異。總之，屬天的智慧使人更好，而屬世的智慧使人更糟。最顯而易見的例子是，我們享受科學帶來的好處，但是很快地也蒙受其害，我們想要掌控科學，卻往往被科學掌控，甚至用來摧毀我們。二百多年來，從機器開始代替人力起，我們製造了太多無法解決的問題，人類智慧其實有限，人類發明塑膠的時候，並沒有想到塑膠微粒會嚴重污染我們的生活。科學家已經發現，塑膠會因光的作用而日漸破裂分解，成為極小微粒，進入食物鏈的系統裡，現在連生存所需要的水和空氣中都含有塑

膠微粒或纖維。人類的能力只能知道過去和現在，卻無法知道未來，所以人類原以為創造發明了「好東西」，到後來卻成了「大災難」。

迷失的羊群

現今的世代，是一個資訊爆炸的世代，想要知道什麼，動動指頭谷歌一下，就能獲得諸多可供參考的訊息，只是有些訊息的正確與否令人難以判斷，點開新聞訊息，充斥著諸多不正確的假訊息。便利迅速的生活型態，人類用機器代替人力，好像賺得了更多時間，但是時間反而是不夠用的。富足的貧乏在這個世界比比皆是，更多的藥物與醫療也沒有使人更健康！文明病吞噬著人類的身體和心靈，而我們需要越來越多，用來填滿空缺的部分。

現今世代是有史以來最多元、多變、多樣的年代，不斷地翻陳出新，不斷地追求衣、食、住、行、娛樂各方面的享受，又多又好是必需的，工廠製造出源源不絕的商品，為了討好每一位消費者。人們忙著賺取更多的錢財，來換取更大的消費能力。大多數人說：「不夠，

不夠，還要更多！」只有少數人說：「夠了！夠了！已經足夠！」人類製造了很多商品，也製造了很多垃圾。人類為自己的作為自豪，幾乎要以為自己是神了。人類是很聰明的生命體，只要好的，不要壞的，眼中只看見商品，看不見垃圾，無視於所有商品，終究淪為垃圾。

　　自從達爾文的演化論問世以來，很多人不再相信這個世界以及這整個宇宙都是由一位神所創造的，寧願相信人類是由猿類演化而來的，不願相信人類是神所創造的，而且是依照祂的形象所造的。神的受造物之中，唯有撒但（魔鬼）、反叛的墮落天使和人類不願意順服敬拜神，而自以為是神！而在人類的世界中，撒但其實是大多數世人所崇拜的神，耶穌曾說祂的國不屬這世界。而撒但確實控制並操縱這個世界，牠可以給人任何想要的東西，包括金錢、名聲、權力等，只要是人想得到的一切！而屬神的和屬撒但的是完全的對立面，一個人不可能又屬神又屬撒但，正邪不兩立。人或許想投機取巧，想要屬神又屬撒但，但在神絕無可能，因為祂是有序秩有原則的神，一定會將山羊和綿羊分別出來。神是聖潔的靈，撒但是邪惡的靈，分屬不同的兩個領域。

　　神是三位一體的神（聖父、聖子、聖靈合而為一）。

〈約翰福音〉中有明白說到：「**僕人不能大於主人，被
差人也不能大於差他的人。**」聖父、聖子、聖靈雖為同
質，但有位格之分，三位一體的神中，聖父（第一位格）
差遣聖子（第二位格），聖子差遣聖靈（第三位格）。
有位格的神是會思考，有感覺，能做決定，且有自由意
志的，能夠對人說話，和人建立關係。人類是神所造，
因而擁有神的感知與能力，只是受造者的能力，一定無
法和創造者相比擬。神能知道過去、現在、未來，且是
昔在、今在、永在的。而人能知道過去與現在，卻不能
預知未來，即使再偉大的人物，終究難免一死，而神卻
是永遠存在的。

　　人永遠無法成為神，取代神的地位。基督徒是人，
牧師也是人，是跟隨神的人。敬虔的人就是與神同行的
人，與神同行表示跟神走同一個方向，而且速度一樣。
跟神保持一樣的行走速度，緊跟在神身旁，不曾跑到祂
前面去，也不曾落後，更要專注定睛在神身上，以避免
跟丟了。有正確的信仰，就會產生正確的行為，從而產
生正確的品格，最後產生正確的言談。基督信仰是要我
們過負責任的生活，既是信仰，就是相信才有，不相信
就沒有。

人天性追尋神

　　現代人不相信有神，不願意被神管轄，認為不被神管轄，生活才能過得更愜意自由。但是人的天性是追尋神的，人類具有宗教本能（會禱告），禱告就是對神說話，不管說得是什麼。「天啊！怎麼會這樣？」我們經常不自主地發出這樣的驚呼，話裡的那位「天」絕對不是人。人類一直相信有一個高過自己的存在，且有一股力量，一直在這世界有所作為，所以人類以金、銀、銅、鐵、石、木來雕刻偶像，當作敬拜的對象。甚至自然界的天、地、山、川、石、木都成了敬拜的對象，遠古人類就已知靈界的存在，並知道有善靈、惡靈。

　　古時迦南地區崇拜邪淫的神祇「巴力」在舊約聖經中屢有記載。什麼樣的人拜什麼樣的神祇，邪淫的巴力，人們為討其喜悅，以嬰孩獻祭，男女肆意行邪淫當作奉獻的方式。猶太人唯一的真神耶和華，屢次震怒，呼喊祂的子民，遠避拜偶像行邪淫的事。神造人，原看為是好的，豈知第一代人類亞當、夏娃就因犯了罪被逐出伊甸園，到了挪亞的時代，神甚至說祂後悔造人，因為人類隨從了邪惡，遠離了神。

　　人們對於眼睛看不見，耳朵聽不到，觸摸不到的事物，不是感覺懼怕，就是感到懷疑。世人很難將超自然和自然的現實連在一起，從而超越這世界的事情，到屬於這世界的事情。所以若不是完全否認超自然，就是與超自然的事保持遠距離，永遠不相關連。孔子說：「敬鬼神而遠之。」就是說不論是鬼是神，都要懷著敬畏的心而遠離。敬畏是因對看不見的鬼神感到懼怕，害怕他們莫名傷害我們，所以遠遠離開避免受影響。很多人都抱著這樣的態度，久而久之，就成了不聞也不問。

　　現代人講求科學根據，很多人會說：「除非能用科學證明神的存在，否則我們不會相信。」但問題是「科學也無法證明神不存在」，甚至有很多證據顯示「超自然的存在」。只是它看不見、聽不見、摸不著、嚐不到，也聞不到，是超過人類五覺感官範圍的。肉眼看得見的自然和肉眼看不見的超自然，一直是並存在這個世界裡的，是人把它分開了，因為看不見的部分，對人造成恐懼和威脅，因為看不見的敵人，是最可怕的敵人。

　　問題是我們為什麼會把神當作敵人呢？因為這世界上充滿太多假神，讓人覺得即使是神，也不一定是好的，這確實是事實，怎麼會有神會幫助人賭博得勝？在大家

樂或六合彩這種賭博性簽賭盛行的年代，多少人三更半夜去尋求靈異事件，有些偶像因為預測準確而被拱上天，又因不準而被丟棄滿地。神豈會成為人所操控的對象？就連賣淫、詐騙都有可供奉的神祇！

因為某些人的私利，許多人成了受害者，這是好的神會做的事嗎？好的神豈會做不好的事？祂不但不會做，而且還會懲罰這樣的行為。不行好事的神，怎有資格稱為神？那不過是屬撒但（魔鬼）的邪惡之靈。神和撒但都是確實存在的正反兩個力量，永遠是對立的兩方，神是公義、正直、良善、聖潔、信實的。撒但則是邪惡、虛謊、詭詐、淫亂、假冒的。神來是為要幫助人、拯救人，而撒但來是要迷惑人、毀滅人。

向上的力量

神是唯一能抗衡撒但的力量，因為撒但也是神所創造的，神先造天使然後才造人，和神一樣，天使是沒有生也沒有死的，所以不需要繁衍來維持數量，天使不論智慧還是能力都是比人高，所以人面對撒但的方式，最好是逃走且遠避牠，並尋求神的保守看護。

　　所有的物品都會向下墜落，我們知道是因為地心引力，但是如果有一股磁力大過地心引力，本來應該向下的也可以向上。因為是存在於另一個定律的運作中。罪的權勢雖然能本能的將我們往下拉，把我們帶向死亡，但是聖靈（神的靈）的能力能把我們往上拉，讓我們脫離罪惡權勢，祂是另一個生命的律。沒有外力介入，我們是很難靠自己脫離的。因此，是我們需要神，並不是神需要我們。

　　神帶我們上天堂，而撒但帶我們下地獄。這種選擇原來是十分容易可辨的，人生若只是是非題，不是是（○）就是非（×），會簡單很多。高錯誤率的選擇題則是為了使人落入錯誤而設計的陷阱。真相只有一個，假相卻有很多，真理只有一個，謊言卻有很多，真實只有一個，仿冒卻有很多。當一個選擇出現很多個可能，就當留意是否有詭詐在其中。除非往對的方向走，否則不能到達目的地，所以人生劃對重點很重要，走對方向更重要。自然界充滿神的律，神的創造、設計與奧祕，而神的道在其中無所不在。

　　聖經是神的道理，福音是神的話語。道理需要話語來傳遞，人類才能聽得懂。舊約時代，神差派先知對人

們說話，但人置若罔聞，不想聽、不願聽、不會聽，因而屢屢遭難。一個民族幾經殺害、被擄、流離失所，卻又能歸回、重建，只因耶和華應許祂的選民，不會全數毀滅，他們總會殘留餘民。以色列這個猶太民族，先後被亞述、巴比倫、波斯、希臘、羅馬占領統治，幾度被擄又得以歸回。1947 年以色列重新建國，猶太人陸續從世界各地回歸。這個信奉舊約聖經的民族，至今仍在等待他們的彌賽亞（救世主）。外邦人相信耶穌就是彌賽亞（救世主），祂被釘死十字架上，是為了救贖人類所犯的罪，祂死而復活，成為得救的管道，而信奉耶穌者將不至滅亡，反得永生。

與神交通

基督徒所相信的三位一體的神，是指在一位神裡面，有三位有意識的個別的神，在想法上一致，所決定的行動也一致，而且彼此之間存在著一種完全和諧的關係，完全合而為一，因此如果向其中一位禱告，也是向其他兩位說話。禱告就是說話和祈求，和神談論我們的需要以及祂希望我們怎麼做。

　　禱告是基督徒和神溝通的方式，禱告很簡單，就是孩子將自己的需要告訴父親，記得是需要而非想要。其實還沒有開口，神就已經知道我們要說什麼，但是憐憫的神，願意垂聽禱告。只要相信神仍然掌管一切，相信有位格的神，祂不只聽見我們的禱告，願意聆聽我們的禱告，也會回應我們的禱告，必要時祂也會採取行動。

　　禱告當然必須有內容和對象，禱告不拘任何形式，當私下獨自一人時，不管是站著、跪著、坐著、躺著，都可以時時和天上的爸爸說話，天父喜歡我們如孩子般的禱告，流露出真正的感覺，是真心的、誠實的、簡單的，沒有冗長虛妄的假話在其中。在禱告中告訴天父，真實的需要，真實的情況，真實的情感，是發自內心的真實禱告。天父喜悅我們信靠祂、依賴祂、相信祂。我們越親近某人，就越相信這人的話，當我們越親近神，就越相信祂的話。這正是我們和神之間的親密關係。

　　禱告是大有能力的，因為我們是向天上資源尋求供應，所以在需要時禱告，祈求從天而來的幫助。我們在聖靈裡的禱告，是聖父、聖子、聖靈和我們合一的關係。神是「耶穌的天父」，而聖靈是「耶穌的靈」，「耶穌的名」和「聖靈的能力」幾乎同義。因為神把權柄和能

力都賜給耶穌，而耶穌使用聖靈行神蹟奇事，行各樣大
能。因此聖靈不只是一股力量，祂是一個位格。和聖父、
聖子不同，祂不是王，聖父是靈，聖子受聖靈感孕，而
聖靈在神創造天地萬物時，就與神同在並且同工。神以
祂的形象造人，可分為靈、魂、體三部分，即是我們常
說的身、心（魂）、靈三部分，要和諧合一才能正常運作，
正如聖父、聖子、聖靈合而為一一般。

導正生命的絕對值

我們的靈是神所賜，魂（心）是指大腦的一切思慮、
傳遞訊息、下指令；身體則是由大腦來指揮。靈、魂、
體皆是神所賜所造的，所以想求得身、心、靈的康健，
當仰望創造我們的神。神是一位有個性的神，祂創造了
人的個性，就是思考、感覺、決定、說話和人際關係。
聖經告訴我們，我們像神，因為是按著祂的形象和樣式
被造的，祂也將個性、智力、想像力、創造力給了我們。
祂是有自由意志的，也將自由意志給了我們和天使，所
以有三分之一的天使因為擁有自由意志而背叛神，不願
順服神、敬拜神，而成為墮落的天使，成為與神對抗的

邪惡勢力，掌管黑暗權勢，處處與神為敵，招聚所有邪惡的靈，掌控現今的世界。

神是「光」，不是指物質界的光，而是道德的光，神的特質是絕對良善、絕對誠實、絕對公平、絕對聖潔、絕對忠實、絕對公義、絕對正直，只做對的事，永遠是對的。數學中的絕對值就是神的律。坐標上「0」到某數的距離，就是神和我們的距離。「0」是神的位置，不管我們和祂距離多遠，只要願意接受神的絕對值符號，所有的負數都能變成正的了。神就是絕對值符號「｜｜」，加上它就由負轉正了。我們或許走錯了方向，本來要往正向走，卻往負向走了。但是沒有關係，神的絕對值可以將我們的生命導正。這是多麼恩典的事啊！就像相信耶穌，祂有赦罪的權柄。

神子的使命

神是有邏輯的神，祂將祂的創造物安置在這宇宙中，井井有條，各從其類成為美好。〈創世記〉第一章中敘述了神的創造，神按著祂的秩序，創造出祂看為好的世界樣貌。現今世代我們擁有各種領域的科學家，在研究

整個地球，越是研究越是感覺其中的奧祕。生命的起源顯然不是外星生物偶然落在地球上，而繁衍出多樣物種那樣簡單。光是井然有序的食物鏈，怎麼看都是一種安排。而耶穌來到這個世界，顯然也是一種安排。沒有一個人像祂如此奇特，在祂還當人的時候，祂這樣表示自己：「我是生命的糧、我是世界的光、我是羊的門、我是好牧人、我是復活與生命、我是道路、真理、生命、我是真葡萄樹。」整個新約聖經，傳講的正是這位神子——神的兒子耶穌——救贖主在人世間短暫的三十三年中，所說過的話，所行過的事。

耶穌奉天父差遣來到這個世界，最主要的工作是恢復人和神之間的關係。舊約和新約相隔四百多年，神已不再差派先知對人們說話，耶穌降世成為人和神的中保。道成肉身成為人親自和人們說話，祂不僅讓人和神恢復關係，也讓人和神建立真正的關係。人類因罪而遠離神，耶穌因此上了十字架，用流出的寶血洗淨了所有人的罪，救贖了所有願意相信神的人。耶穌被釘死在十字架上，成了贖罪祭的羔羊，從此人類不再需要宰殺牲畜作為祭物。耶穌死的那一刻，聖殿的幔子從上到下裂開，這幔子將人和神隔絕，所有人需要透過祭司來向神溝通。

幔子裂開表明人可以藉著耶穌基督坦然無懼地來到神面前，耶穌的死，為人打開了一條通往神的道路。

耶穌說：「**我就是道路、真理、生命，若不藉著我，沒有人能到父那裡去。**」（約翰福音十四章6節）

聖靈的降臨

耶穌到來開啟了這條道路，而耶穌離開時則差遣聖靈，來代替祂在世界的工作，聖靈是耶穌的另一個自己，也稱「主的靈」，若有聖靈在我們心中，我們心中就不可能沒有耶穌。當聖靈進入我們當中，耶穌也回到我們當中。

聖父是靈，聖子升天之後也是靈，聖靈就是靈，肉身的耶穌無法住在我們裡面，唯有成為靈才能住在我們裡面。基督徒的神是最奇妙的神，祂樂意居住在人的心裡面，基督徒的禱告是和神一起禱告，耶穌經常為我們代禱，而聖靈則帶領我們禱告。當我們願意接受聖靈的保守與引領，順著聖靈而行，就能享受到聖靈持續的見證，我們就會直覺地確信，耶穌與我們同在。

我們稱呼耶穌基督為「主」，祂不僅是我們的救主

也是生命的主。主耶穌充滿神的智慧，隨時就地取材，帶出相關的真理。祂用比喻既為了啟示真理，也為了隱藏真理，因為比喻可以把想要深入了解真理的人和不想了解的人分別出來。這是為什麼有人得著，有人卻是沒有。「聖靈充滿」是叫我們得著屬靈的智慧和啟示，能以明白聖經，真正認識基督。

神將聖靈安置在我們的生命中，的確讓我們擁有一個新的能力來源，但是這能力不是我們所能掌控的。人無法操控聖靈，唯有聖靈能帶領我們，聖靈不只是一股力量，祂是一個位格，有感知能力，祂從來不曾違反一個人的意志，也不將祂的能力或恩賜強加在任何人身上，甚至將祂的恩賜的控制權交給願意接受者，人們不是非得被使用不可。「受聖靈的洗」或「被聖靈充滿」是給所有蒙神所召而悔改信靠的人。

聖靈顯在各人身上，是叫人得益處。這人蒙聖靈賜他智慧的言語，那人也蒙這位聖靈賜他知識的言語，又有一人蒙這位聖靈賜他信心，還有一人蒙這位聖靈賜他醫病的恩賜，又叫一人能行異能，又叫一人能作先知，又叫一人能辨別諸靈，又叫一人能說方言，又叫一人能翻方言。這一切都是這位聖靈所運行，隨己意分給各人

的。（哥林多前書十二章 7-11 節）

　　五旬節，節聖靈降下來，現場有一百二十人領受聖靈。「他們就都被聖靈充滿，按著聖靈所賜的口才說起別國的話來。」（使徒行傳二章 4 節）那日彼得講論：「你們想這些人是醉了，其實不是醉了，因為時候剛到巳初。這正是先知約珥所說的，神說，在末後的日子，我要將我的靈澆灌凡有血氣的。你們的兒女要說預言；你們的少年人要見異象；老年人要做異夢。在那些日子，我要將我的靈澆灌我的僕人和使女，他們就要說預言。」（使徒行傳二章 15-18 節）聖靈降臨帶來屬靈的恩賜，首先是說方言，不久又有醫病和行神蹟的恩賜，預言的啟示則顯在異象與異夢中，還有知識與智慧的言語，行神蹟奇事等恩賜，伴隨著使徒的事奉。說方言的主要目的，是為造就靈性。耶穌將說方言的能力給了他人，好讓他人也能使用祂的語言，同天父說話。屬靈恩賜是用來服事他人，無法複製經驗在別人身上，經歷和恩賜無法傳給人，「只有神給人，無法人給人」。

耶穌以聖靈施洗

　　每位信徒都需要接受兩個洗禮，一個來自某位基督徒的「水洗」，一個來自耶穌基督的「靈洗」。「領受聖靈」是耶穌把聖靈賜給其他人，只要曾經從外在被充滿，一個人就可以繼續從內在被充滿，因為聖靈已經進入裡面居住。成為基督徒，被「充滿」之後，不斷地「被充滿」的人會被描述為「滿有聖靈」，這主要與能力有關。一個不斷被充滿的人，會結出聖靈的果子和恩賜，「領受聖靈」是具體的事件，不但領受的當事人很清楚，對當時在場的其他人也顯而易見。其本質是內在的經歷，伴隨著可眼見耳聞的外在證據，因此聖靈的恩賜應當親身經歷。在情感的層次上，充滿樂趣，我們就笑；充滿怒氣，我們就大喊；充滿悲傷，我們就哭號；充滿恐懼，我們就大叫；對我們屬靈生命而言尤其如此。

　　神學必須被實際經驗過，才叫真實，相信是基於事實，而不是靠感覺。至於經歷之真偽當如何分辨？一個方法就是從那人與主的關係及其日常生活的表現，去看他最後結出什麼來。靈命成熟，有好名聲，是被聖靈充滿的人的特質：智慧充足、信心充足、滿有恩惠、滿得

能力。

　　一個人總要先有信心，才有神蹟奇事相隨，這也「確認」一個人已被神所收納，也「確認」神與祂的子民同在。唯當清楚呈現「靈洗」並親身經歷，才會有「屬靈恩賜」的深刻彰顯。除非有前者，否則必無後者，兩者需要同時被傳講與實踐。當然若僅知神的大能卻不明白聖經，那也不對，經歷和聖經必須相互印證，確認是否真來自神。

　　宗教感動有三種來源：來自神，來自我們自己，來自魔鬼。因為有從神來的恩賜，就有屬肉體的替代品和邪靈的仿冒。三種來源的感動可能都很真實，若不能明辨來源，就連神的子民也會陷入混亂與紛爭。而判斷是否出自聖靈的標準就是聖經。但我們只知聖經，卻不曉得神的大能，那也不對。我們若能遵行聖經，同時順從聖靈，保持神話語與聖靈的平衡，方可避免只強調能力卻忽視聖潔。我們需要真實經歷神，需要知道我們真的遇見祂了。徒有神學而無經歷是空洞乏味的；但有經歷卻無神學則十分危險。信徒有恩賜而無果子（聖靈九果）是不足取的，徒有果子而無恩賜則是毫無果效的。聖靈的果子並不能醫治任何人的疾病，醫病是聖靈的恩賜之

一。

　　一個人若要「滿有」聖靈同在，首先肉體的慾望必須拿掉，其次必須持續讓聖靈來充滿，聖靈是聖潔的靈，祂內住的地方，必會使某人成為聖潔，除非我們願意讓自己成為聖潔，否則聖靈也會離開。若要在這污穢的世上，出淤泥而不染，非靠聖靈的大能與聖潔不可，因為祂愛我們，願意幫助我們，讓我們從主那裡得到的「新靈」被關愛、餵養、鼓勵、糾正，才會逐漸長大成熟，領受聖靈是一回事，持續被聖靈充滿又是一回事。

　　基督徒皆有領受聖靈的權利，但不會因領受聖靈就馬上成為聖潔了。初代教會的信徒，幾乎都已領受聖靈，但從保羅寫給哥林多教會的書信中，可看出即使已經領受聖靈，仍有很多屬世界的問題在其中。只有少數人是持續被聖靈充滿，因為領受的必須和領受的心相稱。神並不偏待人，祂使人有機會被聖靈充滿，但是屬靈恩賜如何運用與避免濫用，這牽涉到自制力及動機，因此必須懂得自我約束，必須在愛中運用恩賜，方能造就人也造就自己。

　　聖靈將超自然的恩賜藉著我們作工，幫助我們在事奉層面、敬拜層面和佈道層面，因祂的同在而有果效。

因此保羅很關心初信者，除了悔改認罪，信靠耶穌並接受洗禮之外，也關心他們是否領受了聖靈，因為他是深切領受果效的！若非保羅領受聖靈之後，悔改信靠耶穌，並一輩子忠心傳講基督信仰，並廣傳給外邦人，至今方能廣為人知，我們（外邦人）也才有機會領受這賜永恆生命的福音，否則只能世世代代做罪人，找不到得救的機會。

得救是一個過程，起點是悔改，終點是天堂，「行在道上」就要持續前進，直到見主面，才能確定抵達終點。「一次得救，永遠得救！」聖經中並沒有這樣記載，基督徒並不會只因受洗就上了天堂，那只是奔走天路的入場券，表示我們已經從罪的刑罰中被拯救出來（稱義），正在從罪的權勢中得救（成聖），將來必得救脫離罪的存在（得榮耀）。「**因為世人都犯了罪，虧缺了神的榮耀，如今卻蒙神的恩典，因基督耶穌的救贖，就白白的稱義。**」（羅馬書三章 23-24 節）

義人是指神眼中看為義的人，一個義人的信實、忠實在於信心的持續性，不維持就會中斷。因此「因信稱義」也是一個持續的過程，所以救贖的信心，不只是一個步驟，它是一連串的步驟，從此生延續到來生。神的

恩典永遠是白白的禮物，但不會永遠任由人隨便領受和使用，我們是藉由信心，靠著恩典得救，是藉著相信主耶穌基督支取這個恩典，但信心和救恩一樣是持續前進的，是表現於行為及持續不斷的態度。

白白的恩典

人們進入基督信仰最大的障礙，就是認為神的賞賜是白白的恩典。人的本性排斥免費的禮物，只想靠勞力賺取。我們討厭救濟品（那會讓我們失去尊嚴），寧願靠自己獲得，人世間的法則不是「天底下沒有白吃的午餐」，就是「天上不會主動掉餡餅下來」，所以當我們聽到恩典是白白得來的，就本能地懷疑其中有詐。但神的恩典偏偏是給不配得的人，也是無法用任何東西換取的。犧牲的愛無法計算代價的，愛的給予者犧牲了自己，擔當我們的罪。

「從他豐滿的恩典裡，我們都領受了，而且恩上加恩。律法本是藉著摩西傳的，恩典和真理都是由耶穌基督來的。」（約翰福音一章 16-17 節）

很多未信者往往質疑，神因何要給人白白的恩典？

因為沒有藉著十字架的白白恩典，沒有人能進神的國。神就是愛的源頭，父永遠愛子，子永遠愛父，而父和子永遠愛聖靈。神也愛世人，因為世人是神所造。神憎惡罪，但愛罪人，神想要摧毀罪，但祂希望拯救犯罪的罪人。所以差遣了祂的愛子，上了十字架，作了挽回祭。耶穌是神，一直都是神。祂只是道成肉身短暫有了人的形體，因此祂更能體恤我們的軟弱，了解並同情我們的困境，我們所經歷的一切，祂也親身經歷過，因而摩西帶來律法，而耶穌帶來愛與恩典。耶穌至今日仍在做的兩件事，就是為人預備地方，也為那地方預備人。神的國不是給罪人去的地方，整個國都是罪人，那和現今世界有何不同？聖潔的國是給聖潔的子民居住的地方。

　　基督宗教並不是廉價信仰，神給人一個重新開始的機會，是給願意悔改歸向神的人。「水的洗禮」用於洗去過去所犯過的罪，而「聖靈的洗」則是幫助人們克服罪，對付現今和未來的罪。饒恕也是白白恩典的禮物，不過並不代表我們什麼都不必做，至少我們要開口祈求饒恕，敞開心門領受神的赦免。

　　神每一次的赦免，都是祂用自己的血換來的。我們不需付出任何代價，因為這一切的代價都由耶穌來承擔，

這樣的饒恕經常被誤解，認為饒恕沒有節制，以為饒恕毫無條件。要知道這饒恕所積欠的債，不是世上的債務，這與永生有關。人如果不在今生得到神的饒恕，赦免所有的罪，是無法帶著罪進入神的國。而一個人若犯了人世間法律上的罪，即使靠著基督蒙神赦罪，與神和好，但仍必須承受犯罪的後果。饒恕處理的是過去的罪。認識救恩後依然故意，持續犯罪，這種就是基督的十字架也救贖不了。聖經直言，有些人沒有資格求饒恕，有些人是會失去饒恕。一個人如果每每犯錯再求悔改，就表示沒有真正悔改的心，不是真正的悔改，是不會被饒恕的。

麥子與稗子的啟示

「神是個靈，所以拜他的必須用心靈和誠實拜他。」（約翰福音四章 24 節）神豈看不出人的真心及其行為的本意？人死後尚有審判，那時每個人都要在審判台前接受審判，那是第二次的死，永遠與神隔絕。神是鑒察人心的神，祂絕對能分辨「無心之過」或是「故意犯的罪」。

曾經有個連續殺人案，犯行十分可惡。殺人犯在死

前受洗信主，盼望饒恕得救贖，造成很大的討論，很多人對於「信主得永生」有許多的疑問。當時我尚未信主，對於這樣過於簡略的說法，十分不能理解，而今日就我目前的理解，這個殺人犯只是因為認識耶穌，而有了一個機會，在他死後，仍然必須面對死後的審判。人非聖潔無法進神的國，天國的子民是經過揀選的，稗子、麥子都會被篩出來，麥子收到倉裡，稗子丟到火裡燒掉，由此就輕易可辨，進神的國的都是些什麼人。

　　神會允許我們拒絕祂的恩典，但也希望與我們同在，神喜歡人因著愛祂而願意順服祂。神會難過也會生氣，會因為屬祂的人對祂不忠，而感到憤怒與痛苦。當以色列人離開神而去拜偶像，神不斷透過先知告訴人祂的憤怒，神既賜福也降災禍與人。祂是非對錯絕對分明，是絕對不和稀泥的神。神當然會在必要時管教我們，不過大多時候，需要的是我們自我的紀律（約束肉體與約束思想），因為很多的罪都是由此孕育出來的。人不同的決定就會帶出神不同的回應，當人放棄神，神就放棄人，任憑人跟隨墮落的天使放縱情慾，行那污穢可恥的事，直到無法挽回的時候，也就是我們的性格與結局都已成定局。

　　耶穌說：「不義的，叫他仍舊不義，污穢的，叫他仍舊污穢，為義的，叫他仍舊為義，聖潔的，叫他仍舊聖潔，看哪，我必快來！賞罰在我，要照各人所行的報應他。」（啟示錄二十二章 11-12 節）耶穌第一次來是為救贖全人類而來，耶穌第二次來是為審判全人類而來。「公義」和「罪惡」在聖經裡的意思就是「對」和「錯」，我們必須承認神始終是對的，我們的生命才有遵循的標準。因此不僅只是聽見神的道，更重要的是接受、相信和遵行。只要我們遵行神的道，就能遠避惡事。

　　誘惑的來源有三個：世界、肉體、魔鬼（撒但）。撒但因著驕傲犯罪，離開神，這種罪導致仇恨，而仇恨具有毀滅性，只想要破壞而不是建造，而現今屬世界的紛爭、毀壞、墮落，是因於認同牠而歸向牠，聖經描述牠是詭詐者、說謊者、殺人者、毀謗者、控告者、破壞者、兇惡者、仇敵。魔鬼（撒但）固然不好，是邪惡的來源，但是我們也不能將一切的過犯都怪到牠頭上，必須冷靜且有條理地思考。世界是指我們所處的環境，肉體則是指我們自身，魔鬼則是看不見的罪惡權勢，神給人自由意志，魔鬼也不能違背我們的自由意志。我們身處充滿誘惑的環境中，不要低估牠的能耐，牠在人的思

想撒下疑惑，在心靈播下慾望種子，在意志裡摻入悖逆，讓人遠離神。但現今撒但對人類的控制已經被耶穌打破了，撒但的權勢也受到約束，牠已經不能再操控有聖靈內住的基督信徒，無法使信徒聽命於牠，外在的影響力，比起內在的影響力，顯然是有差距的。我們身上也有靈，而身體的靈可以察覺神的靈的同在，人的靈與神的靈交通，可以建立更深入的關係，深層與深層的回應，靈與靈互相呼應。

屬靈的各種恩賜

我們因何問：「神啊！祢在嗎？」我們因何不確定，神是否仍然內住在我們心裡？神是個靈，祂需要有媒介才能行的出來，而魔鬼也是靈，牠也需要媒介才能作工。我們應該經常省察，目前內住的究竟是誰，我們內心的環境是否還適合神的居住。如果我們想要在靈裡禱告，就必須和聖靈合作。聖靈會開啟我們心裡的眼睛，讓我們有洞察力、思辨力，來了解這個世界的真相，避免落入魔鬼的圈套中。聖靈不只幫助我們的思想，也幫助我們的意志，克服魔鬼的引誘。

　　領受耶穌以聖靈為我們施洗後所獲得的屬靈恩賜中，大多與話語有關，說方言是比較普遍的恩賜，也往往是首先獲得的。方言的湧流證明聖靈在哪裡，哪裡就得以自由，使人有把握「聖靈」就在眾人當中運行。聖靈可以帶領我們作許多種甚至沒有說出口，沒有變成話語的禱告，讓我們以呻吟、歎息、流淚、呼叫，來表達內心最深的渴望。聖靈也可以讓我們流暢地說出任何祂所知的語言。方言禱告的祕訣是：「我們發出聲音，而聖靈引導這聲音。」這是一種沒有經過大腦的禱告，聖靈直接使用我們的喉嚨，引導我們的舌頭和口，將聲音轉換成話語說方言，是靈裡敬拜的證據。方言也是真正的語言，它意味著有正確的文法和句法，在運用此恩賜時，頭腦是無效的。我們說話時，若未先經由頭腦構思字句，怎可能說出前後一致的信息。但是說方言時，只用到靈與體，用不到頭腦，頭腦是無作用的，沒有果效的。這是從上頭來的美善恩賜，所以運用恩賜時都應該出於愛心，若非出於對別人的關懷，運用恩賜也毫無益處。

　　「說預言」也是屬靈恩賜之一，它是自發性的言語，化為言語的動力，來自被聖靈充滿者的裡面，它的特色

是非故意的、即席的、自然的、未事先計劃的。它是自發性的屬靈言語。這些話語不是出自於理智，而是來自靈，略過語言的正常理智程序，靈知道該說什麼，因為它受到聖靈的導引。一個人會完全意識到「說預言」，而且可能完全明白、部分明白或完全不明白，自己所說的話，視許多因素而定。除了「說預言」還有其他特殊啟示（常透過異夢），在異夢中領受智慧和知識的言語。另外「醫病」的恩賜，是透過有此恩賜的人手進行醫治的工作，醫治者乃是聖靈而非人的作為。「分辨諸靈」的恩賜也是很重要的，具備此恩賜者在受靈感動下，可憑直覺曉得某個屬靈現象之源頭。

神的恩賜，需要加以辨識並運用。原因就是祂多給誰，就向誰多取，神不偏待人，領受多的人，就得接受較嚴格的要求。聖靈隨己意將屬靈恩賜分給各人，藉此將特殊恩典分給在各階層忠心事奉祂的人。因此傳福音要配合聖靈的大能恩膏，進而經歷聖靈，運用恩賜。聖靈顯在各人身上是叫人得益處，因此屬靈恩賜都要存著感恩的心領受。但有時也有仿冒與造假，因此務必把稗子從麥子中挑出來，需要的是分辨人背後的靈，是源自聖靈還是邪靈。因為撒但也裝作光明天使，在末世也必

有很多假先知、敵基督到來。

聖經中記載有一位行邪術的西門。「**西門看見使徒按手，便有聖靈賜下，就拿錢給使徒，說：『把這權柄也給我，叫我手按著誰，誰就可以受聖靈。』彼得說：『你的銀子和你一同滅亡吧！因你想神的恩賜是可以用錢買的。你在這道上無分無關，因為在神面前，你的心不正。』**」（使徒行傳八章 18-21 節）

聖靈的恩賜是憑愛心做在人的身上，為叫人得益處，動機不良、心術不正、為了謀取財利行邪術的人，背後的靈一定來自邪惡的靈。動機不良就是罪，神豈會幫助罪人犯罪？那是絕無可能的。神是公義的神，公義的神不會做錯事，祂只做對的事。祂一定是誠實的，絕對不會說謊，祂一定是良善的，絕對不會做邪惡的事，祂一定是聖潔的，絕對不沾染各樣污穢。祂是唯一真神，雖然無所不能，但是不對的事絕對不會做，這是神的屬性。一切邪惡的事都是出於撒但，而不是神！只有邪惡的靈，才會允諾人，花錢可以改命或改運，請不要信！改名字也很風行，問題是名字改了，人沒有改變，能有什麼用？唯一的真神，白白給的恩典是不要花錢的。但是祂要你徹底悔改，將以前的錯誤，因著悔改向神，不再犯同樣

的錯誤，是真正行為上的改變，一再犯錯一再悔改的人，並不是真心悔改的人。神要的是真正的悔改，那是花錢也沒有用的。「**世人哪！耶和華已指示你何為善。他向你所要的是什麼呢？只要你行公義，好憐憫，存謙卑的心，與你的神同行。**」（彌迦書六章 8 節）這正是神對人的要求，想要與神同行的人，必須是行公義，好憐憫，存謙卑的心。

人與神的關係

基督信仰是重視關係的信仰，人與神，人與他人，人與自己這三種關係。當我們開始和神、他人、自己，建立和好的關係，破碎的生命就會得到修復和建造。而首先我們要恢復的就是與神的關係，當我們開始敬畏神、順服神、尊榮神，由神在我們的生命居首位，由耶穌來掌管我們的生命，由聖靈來引導我們的生命，當我們和神的關係建立了，和他人和自己的關係，也會因為神的幫助而好起來。我越是了解基督信仰，就越能理解神的法則，以及人世間不變的律，也更明白神對我的人生有多大的影響和幫助。

　　耶穌是「道路、真理、生命」，這對每個人都是極
為重要的。認識主耶穌這十年來，深深體會唯有耶穌是
通往永生的道路，唯有祂藉著真理的聖靈，能幫助我在
今生就得著豐滿的生命，在未來有永生的盼望。這十年
來，在耶穌基督裡，我不僅擁有被更新的生命，而且經
歷神無數的奇妙作為，祂一次又一次地救我脫離兇惡，
也一次又一次給我隨時的幫助，我更在聖靈的多次充滿
中，領受神無比神奇的大能。我的神，祂深知我心中的
渴望和需要，祂向我啟示真理，讓我得著智慧和能力，
從恐懼、憂慮中得自由與釋放。在這些年當中，經歷了
無數次神同在的經驗，也漸漸聽見、聽懂神對我說話，
靈與靈的交通，是十分美妙的事，神是又真又活的神，
而祂正住在我的心裡，與我常伴左右！

第 2 篇

見證生命的奇蹟

我站在衣櫥裡淚流滿面，心裡哭喊著：「這個世界真的
有神嗎？主啊！祢在哪裡？」之後就失去了意識。
當我第二天醒來，想起我綁在衣櫥裡用碎布車成條狀的
帶子，卻發現就在我的床墊旁，工整地折成四折。我知
道那不是我……我很疑惑地打電話，問帶領
我決志的好友，她問我相信不相信是聖靈救
了我？她說：「耶穌要你好好活著，神保守
了這一切！」這是我最後一次自殺，既然神
救了我，必有祂的美意在其中，我決意遵從
（順服神）。

人生的風浪

　　人的一生，很少是能一路順到底的，順遂的人生，是每一個人都期待的，但人生通常不是按著我們的意念來走。在我四十二歲以前，人生算是順遂的，從小到大沒有遭遇什麼波折，也沒有吃過苦。是個單純又十分天真的小女孩，在小康家庭長大，我不像很多女同學有做不完的家事，我有很多時間閱讀書報。當家裡的幫傭在我小學三年級離開時，甚至不會自己洗澡，因為日常生活起居一直有人協助我。有潔癖的媽媽，要我白白淨淨的，乾淨是她主要的要求，欠缺磨練與鍛鍊的童年，讓我顯得文弱，瘦弱蒼白的身形，連老師也不太指派我粗重的工作，因此軟弱的形象一直和我形影不離！婚後育有兩子，擔任教職工作，過著平凡安逸的小生活。生活簡單而單純，家庭和工作就是生活的全部。

　　爸爸是孩子王，經常帶著孩子運動、下棋、閱讀。先生是個愛讀書的人，孩子們不補習，一家人經常出遊，增廣見聞，我們認為行萬里路勝讀萬卷書。有丈夫的協助在教養孩子上，確實輕省不少，孩子有爸爸陪伴和引導，健康快樂地成長。一本又一本的相本，記錄著孩子

的成長與生活點滴。我以為我的人生會一直這樣，沒想到生命中的一個大浪，幾乎讓一切消失無蹤。「此情可待成追憶，只是當時已枉然。」這份美好的情感，原本是值得回憶追念的，只是當時身處其中，毫不在意，如今想起來，只留下一份惆悵與茫然。人總是在失去後，才發現一切已難以追憶。

生命的驟變

　　四十二歲生日前夕，我的丈夫送給我一份改變生命的大禮物。一個意外，他踩裂水泥板由高處墜落，後腦勺撞到三角磚，顱內大量出血，傷勢十分嚴重，經過緊急開刀搶救，昏迷了四十二天才醒過來。在期待丈夫甦醒的那段日子，是我一生中最漫長的時光，醫生曾跟我說「即使活下來，恐怕也將成為植物人。」這是最不願意見到的結果。即使幸運甦醒，腦傷的病人癒後也很難說，有的只剩兩歲智商，終身需仰賴他人照料，有的人性情變得古怪，喜怒無常，一個人拖垮一家人的例子比比皆是。我的內心裡，理智和情感爭執得很厲害，我不想失去他，也希望他不必飽受折磨，有尊嚴有品質地活

著，而不是靠著一堆管子過一生。那是一段非常煎熬的日子，每一個決定都足以影響日後的生活，終於我再也忍受不住這樣的傷痛，在身心科門診痛哭失聲。憂鬱症再次找上了我，生活中除了恐懼、不安、焦慮、茫然，還有說不出的憤怒。「為什麼是我？為什麼我的人生會變成這樣？」徬徨無助的我，除了痛苦還是痛苦，那是我流過最多眼淚的一段日子。

我的先生活下來了，但已經不是原來的那個人，腦傷（出血性中風）造成失智現象（出血性失智），我的生活再也回不到原來的樣子，這個意外注定了我們往後的生活永遠的不同。在先生出事的第一年，從救活他到看著他逐漸進步，當時的我是樂觀而充滿希望的，我以為過去的時光會再回來，因此再苦再累都不覺得怎樣，而信心、盼望與愛是支持我一路走來的力量，當時我尚未真正認識耶穌，但是耶穌早已認識我了。我的先生能好起來，一直是這冥冥之中的力量在幫助我。

我的先生出了加護病房，遇到生命中的第一個守護者，他是一位基督徒，是上帝差來的天使。他如自己親人般地用心照料，努力地為我先生做被動式復健，一日三回，從不間斷，即使他是不被看好的植物人，沒有人

能預料他是否能完全清醒。但是這位看護是神忠心的僕人，他用心地看護著我的先生，努力進行被動式復健，讓我的先生醒來時，能有堪用的身體。一個不被看好的病人，在疼痛中清醒過來。醫生曾經讚嘆這個奇蹟，因為當初狀況如此不好，因出血量多，到院時瞳孔已經放大，斷層掃描顯示腦幹已經壓扁了，是一個差一點連救也不用救的患者。

不可逆的改變

我的先生因為腦傷，腦中某些細胞已經死亡無法恢復，所以他喪失某些能力，昏迷的四十二天，他像遺失了二十年的人生，五十歲的年紀自動加了二十歲，形體樣貌都有很大的改變，他因顏面神經麻痺，造成眼睛看來一大一小，頭部因為開刀而有部分塌陷，曾經自嘲自己一摔，摔成了鐘樓怪人。形體上的改變，身體上的障礙，都是讓人很難承受的人生。他不再幽默風趣，也不再聰明睿智，所幸個性是溫和，不是喜怒無常。他快速地成為一個老人，不僅外貌舉止行動節奏，甚至說話方式都像個老人。不僅生活習慣，連生活節奏（起床、吃

飯、睡覺），時間都非常固定，像是被設定的機器人，十分類似電影《雨人》中的自閉症患者。經過兩年的復健與重新學習，在他具備日常自理能力之後，外傭離開了，畢竟入不敷出的日子讓我壓力很大。

沒有外傭的協助，我開始工作與家庭兩頭燒的日子。此外仍要繼續協助他做被動式復健，希望他有更好的行動能力，才能有更行動自如的人生。經過三年的努力復健，重拾在鍵盤打字的樂趣，雖然是一指神功，但能夠使用電腦，在電腦上瀏覽訊息或打讀書報告，而閱讀書報是他長久以來的興趣，對於行動不便的他，倒是一個很好打發時間的生活模式。

腦傷造成他的性情和思維都有極大的改變，常常忘了說過的話和做過的事，思考模式變得簡單而直接，憑直覺做事。不會瞻前顧後，也不會想太多，所以生活變得單純而簡單。語言能力沒有遺失，字也都能認得，對抽象的事物例如數字（對於東西的價值和價格）沒有分辨能力，想要的東西就一定要買。雖然失去金錢的找續能力，但是會使用提款機領錢，非常享受購物的樂趣，只是他經常不記得買過什麼，因此又重複再買，造成不少困擾。但我又無法控制其使用金錢，沒有錢在身上就

沒有安全感（很多失智患者有此情況），失去方向感（經常迷路，記不住方向），也失去了思考和判斷能力，不知道烏雲密布可能會下雨，要看見雨下下來了，才知道下雨了。

縱使他失去了一些無法回復的能力，學習新能力會有問題，但是舊經驗被喚回比較容易，他出事後，就如一個小孩一般，一切重新來過。藉由復健，讓許多能力慢慢回來，雖然要花很多時間反覆練習，所幸他是一個有毅力的人。在努力復健後，至少有獨立行走的能力。因為步伐很小，所以行走速度十分緩慢，但是只要是他想要去的地方，一定努力走到。

生命中的艱難

在中部生活的三年裡，是我生命中最艱難的一段日子，也是生命中最深刻的一段日子。我一直以來的平順人生，沒有遇到太多風浪，歷練太少給人感覺脆弱，正是我的寫照。因此當我先生出了事，家人對我十分不放心，擔心軟弱的我扛不起這個家，為了相互照應，我們一家人搬回中部娘家居住。雖然有親人就近照應，心中

卻常感到孤獨無助，覺得自己失去歸屬的感覺。因工作
轉換，收入減少，不擅常理財的我，根本不敢去計算生
活開銷，寅食卯糧的日子，也不知還能撐多久？只知道
保險理賠金很快花完，而我的兩個小孩才剛要升上國中
和高中，我為明日的糧食憂慮。加上轉換居住環境適應
的十分不好，身體有過度警戒的問題，長期難以安眠的
生活，很多問題找上了我。

　　近十年的憂鬱症病史，自從先生出事後，所有重擔
頓時都落在我的身上，憂鬱症更加嚴重了。一只杯水看
起來不重，但是端久就感覺重了。而這個只能扛起，不
能放下的擔子，對我來說太沉重了，沉重到我很想逃，
軟弱又愛逃避的個性，讓我越來越不喜歡自己。負面思
想、負面情緒、負面行為，在難以成眠的夜裡，變成無
盡的恐懼向我襲來。我恨透了這個讓我無力承受的人生，
甚至不想再見明日的太陽。陷在所有負面感覺的洪流裡，
不知如何掙脫困境，心中有好多的苦惱，不知該向誰去
傾訴。

　　親人間的相處，言語比較直接，經常因為自己的敏
感，而有受傷的感覺，而受傷的人容易傷人。在這個家
庭變故中，其實大家都受了傷，有人身體受了傷，有人

心靈受了傷，我們活在互相傷害的日子裡。我們一家四口，有兩張身障手冊，爸爸是腦傷造成肢體障礙，大兒子是亞斯伯格症（廣泛型自閉症）。孩子在七歲時鑑定出亞斯伯格症，除了語言表達能力較弱，卻也是品學兼優的好學生。

在爸爸出事前，有爸爸的陪伴，孩子的情緒穩定正常，爸爸願意陪伴孩子一起打球、下棋、玩遊戲，在孩子教養方面，總是親力親為，父子感情十分融洽。爸爸出事後，他無法再帶領孩子，走未來的人生路。大兒子因為情緒焦慮，又無法正確表達感覺，連親友都能察覺他的不同。後來在醫生的建議下，領了能辨識身分的身障手冊，他的外表正常，很容易造成誤解，考慮到服兵役時會成為不被了解的「天兵」，遭受不當待遇，因此有了「自閉症」的身障身分。

小兒子在事發當時，親眼目睹爸爸從高處墜落，是他去向鄰居尋求協助，將爸爸送醫急救。身為么兒的他十分依賴爸爸，父子感情極好。爸爸出事時，就讀小學的他，度過一個殘忍的暑假，當同學快樂地享受假期，他卻在醫院守著生死未卜的父親，不肯離去。

搬回中部的時間點，是因孩子換年段，一個要上國

中，一個要上高中。兩個正逢青春期的孩子，都有言語無法表達的情緒，家裡經常發生火爆場面，兄弟兩個上演全武行，而我是一個無力收拾殘局的無能母親！媽媽在家中的角色人微言輕，管不動兩個失控的孩子。尚未出事前的爸爸，扮演著十分重要的角色，兄弟間偶有爭執，爸爸總能止息紛爭。當初決定搬回中部，是因孩子糾紛不斷，想借助幾位姨丈的力量來帶領他們，可是兩個正逢青春期的孩子，他們不願外人介入家務事，大家也愛莫能助。

我肩荷了遠超過我能力範圍所能承受的重擔，我承認自己適應得很不好，心理壓力很大。而我的人生道路似乎也樣樣不順，我很想努力撐起一個家，努力告訴自己，這是我母兼父職的責任。但是越是想要擔起，就越是力不從心。我所面臨的，是我未曾想過的曲折人生。

來自星星的孩子

我的大兒子在拿了手冊之後，曾經問我：「媽媽，我不是正常，那就是不正常嘍！」那時候的他，非常介意和別人不一樣。他其實知道自己的不同，但他不了解

自己，我也不了解他。他努力假裝和別人一樣，因為他
不希望和別人不一樣。他國三才開始拿手冊，在這之前，
因為上課專注認真，在班上是聽老師話的乖乖牌，除了
沉默寡言、安靜內向，並不像很多的亞斯伯格症學童，
有被告不完的狀。我也是一直處於半信半疑的狀況下，
接受他患有自閉症的事實，亞斯伯格症患者會在越焦慮
時，越顯出亞斯伯格症的症狀。上了高中之後，這個心
智年齡較緩慢成熟的孩子，面對同儕相處而來的壓力，
適應得很不好，天天要我去向學校老師反應這個反應那
個，因為他不會自己表達，後來我陪他上治療課程，才
漸漸理解他的不同！他經常像一台關不了機的電腦，繞
個不完，必須強迫關機。

　　以前他不太關心周遭發生的事，卻像是突然發現了
這個世界，開始說個不停。因為自閉症患者的感官接收
和常人不同，他們可以任意關閉感官，當他們拒絕接收
時，什麼也進不去。所以平常人只聽聽看看就懂了的事，
他們卻要一樣一樣地教，彷彿他們以前不是居住在這地
球上一般，所以被稱為「星星的孩子」，像是從其他星
球來的人。為了更加了解他，也了解有這樣孩子的家長
是如何和孩子相處，我加入自閉症家長協會，學習如何

和這樣的孩子相處，並協助他人生的道路。另外我也尋求了學校輔導室的協助，在很多有理也講不清的時候，輔導老師幫了很大的忙，在知道我們的家庭情況後，孩子得到良好的協助，但是不斷的狀況仍然讓我十分疲憊。

　　我的小兒子上了國中後，老師知道我們的家庭狀況，十分地關心他，為減輕家裡負擔，他吃學校提供的免費營養午餐，寒暑假也有餐券可至超商領取。我曾告訴他，營養午餐的錢，我們尚付得起，如果不喜歡這樣的待遇，可以拒絕。但是這個自尊心很強的孩子，他選擇接受。小兒子上國中後，他希望能補習，很多學生是被迫補習，但他是自願的。因為家中經濟問題，他只能選擇補一科，對於他，我有深深的歉疚，沒能給他一般孩子的待遇。正處於青春期的他原本是活潑又愛搞笑的孩子，經歷了一場家庭變故，他變得沉默寡言，有話也不肯說，情緒的波動大，言語也比較衝動。在心智上他比哥哥成熟，但他畢竟仍是個孩子，家裡有兩個都處於青春期的孩子，實在是一段不容易的日子。手足之間難免嫉妒紛爭，因為哥哥的狀況多，生活上需要較多的教導和協助，因此花在哥哥身上的心力較多，對弟弟的關注相對較少，因為弟弟較為懂事獨立，我的有限心力是比較忽略他的。

不想面對的人生

自從外傭離開（因經濟因素），我必須協助先生的被動式復健，負責家人三餐飲食，還要工作賺錢養家。諸多壓力所造成的嚴重身心狀況，讓我的健康亮起了紅燈。接連發生了幾次車禍，一次和汽車相撞，機車的車頭嚴重損壞；一次在等紅燈時被後方的計程車撞飛，兩次意外事故，所幸人沒有大礙。那段日子，我有嚴重的睡眠障礙，每天傍晚不到六、七點鐘，我的眼皮已經沉得睜不開了，很想睡卻又無法順利入睡。經過睡眠檢測，顯示睡眠品質十分地差，睡眠週期幾乎都處在淺睡期，深睡期幾乎沒有，我的身體在入睡時，仍維持高度警戒狀況，並沒有放鬆情緒休息。終於明白因何白天如此疲累，雖然服用安眠藥幫助入眠，但藥物只能幫助我入睡，不能使我安眠。

生活仍然必須繼續下去，即使身、心、靈全出了問題，生活的重擔也不能須臾卸下，自己的擔子自己挑，即使已超出負荷。然而屋漏偏逢連夜雨，我的工作職場轉換新雇主，新雇主不想留用舊員工也不明說，在莫名其妙的情況下，老闆以理念不合的理由給我下了張條子，

要我離開。我實在氣不過，就到勞工局申訴，後來由法扶協助打官司，取回應有權益。中年失業，對我來說是很要命的打擊。

憂鬱症更加嚴重了，諸多壓力所造成的嚴重身心狀況，因此求助於心理治療師，但是一個療程哭過一個療程，病情仍未見好轉。我不知自己怎有如此多的傷痛，在我的世界裡，淚水已然太多，幾乎淹沒了自己。我對於自己的人生有無數的怨懟，情緒的壓力鍋不時噴發著傷人的氣焰。我不喜歡這樣的自己，常常問自己為什麼要繼續活著？當活著變成一件辛苦的事，連最基本的睡眠都不可得，人生活著還有什麼樂趣呢？吃不下、睡不著、笑不出來的日子，真的好痛苦啊！我終於理解，因何有人會久病厭世。

尋死的念頭一直在我的內心蠢蠢欲動，雖然心中仍有牽掛，我若死了，先生和孩子的日子要如何過下去？但求死的意念，一直比求生的意念更為強烈。

第一次服用過量安眠藥被送醫急救，是因為孩子的言語頂撞，讓我萬念俱灰：「我為你們這樣辛苦地活著，你們竟然如此對待我？」坦白說自殺需要衝動和勇氣，尤其是在腦海裡已盤繞許久，終於付諸行動時。自殺是

不該被啟動的，它是一種懦弱的逃避行為，一旦機制被
開啟，就容易重蹈覆轍！因為已嘗到短暫逃避的滋味，
服了藥物，馬上就人事不醒，馬上脫離不想面對的世界。

記得當我送急診洗胃甦醒後，醫生來巡房，竟說：
「吃這樣的劑量還不會死，但是得猛爆性肝炎還快一
點！」醫生的嘲諷我永遠記得。他以為我不知怎麼死，
我只是沒有真的狠下心來，他的告誡沒有起絲毫作用，
如果一個人活得好好的，為什麼要死？明知道這樣做是
不好的，也是不對的，有可能會真的失去生命，卻仍如
飛蛾撲火，就是要自取滅亡！因而自殺的行為往往不只
一次，會不斷地嘗試。

有一次我怒氣沖沖地帶著所有藥物前往汽車旅館，
我思考了很久，要不要吞下所有藥物？這回不是在家中，
沒有人會來得及幫我送醫，就可以如願了。思前想後卻
拿不定主意，我痛恨極了自己的命運，那一生下來就已
經註定的命運。以前給人算過命，說我四十八歲那年要
特別注意，恐遭橫禍，若是那一關過得了，可以活到
七十二歲。

算命的話，彷彿死亡預告般的提醒，成了一種陰
影，一直留在心中揮之不去。以前我會想要躲過這一場

劫難，如今卻是想要早點結束生命，用我想要的方式離開，好過遭橫禍吧！先生的橫禍還不夠嗎？這是哪門子的道理？在我當時的輪迴信仰裡，這是上輩子造的孽，因而這輩子本該如此，我是在還前輩子所欠的債？我不知道！在多次輪迴的過程中，總共欠了多少債？要花多少輩子來償還？想起自己的艱難人生，真是連再出生的勇氣也沒有了。生也難死也難，人生真的好苦啊！後來我打消吞藥的念頭，當我回到家，客廳裡一屋子人，正在討論如何尋找我。但這不是最後一次，有一回我又吞藥還喝了酒，我不願就醫，家人報警，請警察來處理，強制將我就醫。家人對我的狀況十分苦惱，但是誰的話我都聽不進去，也阻止不了我的脫序行為。

　　我無業，待業中，也想振作自己，於是到職訓局接受職業訓練，希望能有第二專長，開創職業生涯的第二春。那是我人生中最冷的一個冬季，冷在身上也冷在心裡。家人催促我儘快找個工作，家裡需要我的薪水生活，被帳單追著跑的辛苦，我領教到了！終於明白什麼叫做貧窮，金錢在生活中是那麼重要，「錢不是萬能，但沒有錢萬萬不能啊！」如果我不曾經歷過貧乏，就不會知道什麼是飽足。在這段日子裡，身邊的人並不真的了解

我的景況，居住老家的爸媽並不知道我多次輕生，也不知我生活的艱難。自己的擔子自己挑，我是這樣認為的。即使是身邊的人，也無法解決他人生命的問題。

　　小兒子要考高中了，很快就面臨確定考區的問題，轉換工作，轉換環境，我有了搬回北部的想法。因為北部的家在山上，當初決定搬到中部，是因為先生肢體上的不便，我不能騎機車載送他，因為太危險了。為了出入方便安全，勢必要能考上駕照有輛車子代步。但是對於考上駕照開車上路，大家都對我信心不足，我的爸爸更是再三叮囑：「你做什麼，我都不反對，但是開車千萬不可，你可要想想，若出了什麼事，是否有錢可賠？」大家對我信心不足是有緣故的，曾經考了幾次駕照都沒有考過，還曾帶著考官去撞牆壁。明明已經都通過了，卻在最後的關頭壓到線，鈴聲大作，考官無奈地說：「下回再來吧！」當我將車開回原位時，考官說「停」，我踩了油門！從此我的先生勸我：「你開車對別人和自己都很危險，我來開就好！」就這樣我失去了信心，不再有開車的念頭。而現今先生出了事，家人擔心我若是有什麼萬一，我們的家將該如何？這個家不只是我一個人，其他三個人的命運也掌握在我的手中。

那段日子進退不得，心情更是陷入前所未有的低潮，我開始檢視自己，將印象中的自己寫下來：「害怕、憤怒、沮喪、憂鬱、焦慮、逃避、低自尊、無助感、恐懼、失落、自責、罪惡感、羞愧、疏離、負向思考、易感挫折、情緒失控、多疑、自我否定、不易信任人、過度防衛、情緒低落、無價值感、缺乏自信、喪失存在感、自殺念頭」。

一張清單洋洋灑灑全是負面的印記。怎麼有這麼多的負面東西在我心裡，難怪我會被逼到難以喘息！其實我能感覺自己的身體像一個千瘡百孔的房子，知道很多地方在漏水，很不舒服也很困擾，想要把每一個破口修補起來，但是找不到修補的方法。我想要改變自己，想要脫離纏繞我的所有負面印記，是這些讓我活得辛苦且痛不欲生。這些負面的情感淹沒了我，開始意識到自己像一個溺水的人，需要抓住一個可以解救我脫離現狀的東西，但是我並不知道那個東西是什麼。

認識主耶穌

在我最艱難而迷惘的時刻，一位基督徒的好友打電話關心我的生活情況。原本在中部生活上的不如意、不

順利，很少向朋友提及。一方面不希望大家為我擔心，一方面不知如何啟口，因為這些日子的遭遇，真是一言難盡！好友耐心的聽完我所遭遇的一切，她除了為我禱告，還問我：「願不願意認識主耶穌，讓耶穌住在你心中，保守你的一切？」沒想到我竟然答應，並作了決志禱告。我的身邊一直有許多友善的基督徒朋友，但是我從來沒有想過要成為基督徒。我在傳統信仰的家庭裡長大，信仰是什麼？我不知道！拜的對象是誰？我更不知道！反正就是拿香跟著拜就是了。在遵守傳統的保守鄉間，不參加當地神明的祭禮是會遭議論的，所以家家戶戶都要跟著祭拜，反正有拜就有保佑，不拜就怕遭災害。「基督徒」在鄉人的認知中，是不拿香的異教徒，鄉人會和他們保持距離的，稱作「不拜祖先的人」。

　　我的外婆是家族中唯一的基督徒，小時候我和她上過教會，經常看她很虔誠地閱讀聖經。外婆沒有向我傳講福音，或許她顧慮我們所處傳統信仰的環境，信耶穌在那個年代並不常見。然而真正捆綁我，遲遲跨不進耶穌的門的主要原因，是娘家媽媽供奉千手觀音多年，而我在先生病危時，到處求神問卜，並發願先生若能活下來並且好起來，我願意成為觀音的信徒。為了這個承諾，

我一直有一個難以跨越的心理障礙。其實我不喜歡佛教的輪迴觀，覺得在那「○」的輪迴裡，不知哪裡才是盡頭。決定信靠耶穌，是我生命中很重要的決定，因為「人的盡頭是神的起頭！」

當時我對基督信仰了解不多，只是我這個將要溺斃的人，確實需要一個救生圈。沒想到決志信主，讓我的生命從「○」變成「——」，有開始有結束，知道自己的生命從哪裡來，往哪裡去。

來自上帝的祝福

決志信主之後，好友拜託她在中部的朋友就近關照我，這位教友經常打電話關心我的情況，還送了我一本《荒漠甘泉》，它讓我在心境和遭遇上都得到很大的安慰。這位教友多次邀約我到教會參加主日聚會，但因職訓局課業繁重而遲遲未踏入教會。直到有一天，我的高中好友打電話給我，說她的大嫂邀請我們一起到教會領元旦的應許紅包，「這是來自上帝的祝福」！好友的邀約，我難以拒絕，心想反正她也不是基督徒，不自在的又不只我一人，去去又何妨？當我走進教會，想起之前

教友的邀約，事後應證，互不相識的兩人，引領我走進
同一個地方。

神深知我的需要，我得到的應許紅包是「得勝」，
我確實很需要「得勝」，在生活上，在工作上，還有我
的生命上。自殺的戲碼仍在上演，因為我找不到生命的
出口，找不到自己的道路，找不到如何繼續我的人生。

剛接觸基督教這個原本陌生的信仰，我不否認自己
理性的腦子曾經質疑因何聖父，聖子，聖靈是三位一體
的神？一位神但有三個位格？聖父、聖子、聖靈有些相
同，又有些不同，令我十分困惑。因何只能信奉耶和華
為唯一真神？基督教因何如此排外？或許神的世界是不
分彼此的，只有人的世界才分得如此清楚？我原來的泛
神信仰，讓我在宗教信仰的轉換過程，有著太多需要調
整的心態和思維。打開聖經的〈創世記〉，看起來像是
「神話」。事實上我對上帝真的值得信靠仍有疑慮，我
不清楚基督信仰的神是怎樣的一位神。

經歷神的拯救

我又鬧自殺了，但這一回只有我自己知道，還有天

父知道。那一次是我決志信主以後，剛參加過幾次主日聚會，我和孩子起了爭執，在氣憤難消的情況下，趁著大家都出門不在家，決定在衣櫥裡上吊自殺。我很難過自己的不被了解，決定給大家一個教訓，「等我死了，你們才會知道我的重要！」服用了十幾顆安眠藥，我站在衣櫥裡淚流滿面，心裡哭喊著：「這個世界真的有神嗎？主啊！祢在哪裡？」之後我就失去了意識，當家裡的人陸陸續續回來，我聽見有人叫我的名字，便從衣櫥裡跌跌撞撞地走出來，隨後立即倒在床上睡著了。

當我第二天醒來，想起我綁在衣櫥裡用碎布車成條狀的帶子，卻發現就在我的床墊旁，工整地折成四折。我知道那不是我，一向隨興的我絕不會折得那樣工整，那顯然不是我的習慣。心想一定是闖了禍的孩子，知道自己犯錯了，才會將帶子折得那樣工整表示歉意。不料，竟然沒有人知道衣櫥裡帶子的事。而我確定是打了牢牢地死結，才服安眠藥的，藥物很快發揮作用，我只記得拉著帶子要把自己掛上去，就失去知覺了。我百思不得其解，一般是剛服用完藥物時藥性最強，我如何在服用了十幾顆藥物的情況下，還有能力解開帶子？還能折得那樣平整？那打了死結的結並不容易解開，如果是我自

已解開的，我因何不知道？沒有一絲印象？

我很疑惑地打電話，問帶領我決志的好友，她問我相信不相信是聖靈救了我？她說：「耶穌要你好好活著，神保守了這一切！」這是我最後一次自殺，既然神救了我，必有祂的美意在其中，我決意遵從（順服神）。

我開始參加教會裡的小組聚會，那一回，唱得第一首敬拜詩是《有一天》，是這樣唱的：「有一天，你若覺得失去勇氣，有一天，你若真的想放棄，有一天，你若感覺沒人愛你，有一天，好像走到谷底。那一天，你要振作你的心情，那一天，你要珍惜你自己，那一天，不要忘記有人愛你，那一天，不要輕易說放棄……」我一看到這幾句歌詞，就背過身拭淚，當時我仍然不能面對自己的軟弱，但是這首詩歌，深深觸動我的心。是的，至少還有上帝愛我，且祂能幫助我，陪我走過，祂會愛我，伴我一生之久。我在詩歌裡找到力量，從此，我愛上了唱詩歌，因為詩歌大大地安慰了我。

有一回，小組長邀大家去為教會姊妹的告別式獻詩。這位姊妹年紀不大，因為癌症過世，當我看著她的孩子在台上致詞，我竟哭得不能自已。我不僅為這位姊妹哭，也為自己而哭。如果我在某一次的自殺中死亡，站在台

上的就會是我的孩子。忽然覺得自己的行為是多麼不應該而且愚蠢，有人求生不得，而我卻輕擲生命，實在太對不起所有愛我的人。我的個性雖然軟弱卻很倔強，不願承認自己的錯誤，自己的軟弱，自己需要幫助，當我願意開口向神呼求，耶穌便開始介入我的生命中。認錯→悔改→救贖是不變的律，這是天國的法則，不變的定律。因此我相信，救恩臨到我了。

「若有人在基督裡，他就是新造的人，舊事已過，都變成新的了。」（哥林多後書五章 17 節）我期待有全新的自己，全新的生命，懇求耶穌來翻轉我的生命，幫助我、改變我、塑造我，讓我更像祂。

領受聖靈恩膏

我雖然已經悔改向神，也相信耶穌是我生命的主。但是身心靈仍不夠健康，因此參加了全人醫治特會，進行四個課程：

㈠改變命運的機會。

㈡罪與十字架。

㈢打破堅固營壘。

㈣領受聖靈恩膏。

當特會第二天進行㈡罪與十字架課程時，牧師為每個人按頭禱告，當牧師將手按在我的頭上，感覺有一股氣從我的頭頂灌入，然後下降停在我的胸口的位置。之後在整個特會中，我不斷哭泣、嘔吐、淒厲嘶喊。哭得非常慘，並不是平常的流淚，而是嚎啕大哭，情緒潰堤，無法自我控制，嘔吐物則只是透明的黏液，沒有其他東西，不像一般的嘔吐，感覺嘔吐物是從比胃更下方的肚腹出來的。我不斷地高聲嘶吼，音調高地嚇人。輔導不斷地在身旁安撫情緒，緊抱著我，我不斷大聲哭號，高聲淒厲地嘶喊，像是要將這輩子的怨恨、不平、憤怒等全部都傾吐出來。我的腦子是十分清醒的，感覺是有一股力量在帶領，身體會不自主地擺動，從頭到四肢，有時動作緩慢，有時又十分快速，我知道這不是出於自己的作為。因為我的腦子指揮不了身體，雖然意識是完全清醒的，我對這樣行為並不感到害怕。第一次體會聖靈在其中運行，感覺的到是聖靈在作工。所以屬靈經驗必然是當事人可以清楚領受，而在場的其他人也可察覺。聖靈不會強迫人接受，所以祈求而後領受，必須全然交託，必須全然放手，讓聖靈來接管身體，我緊閉眼睛（避

免分心），任由聖靈來帶領，我則用心用身體去體會，
並配合聖靈在我身上的作為。

　　第三天晚上「領受聖靈恩膏」會場裡在牧師的引導
下，正如五旬節的場景「他們無非是新酒灌滿了」。大
家像喝醉酒一般，有哭、有笑、有唱、有跳，像一群喝
醉酒的人，這是聖靈在作工，醫治之後會有釋放，我們
明明沒有喝酒，卻像是醉得十分厲害，是很奇妙的經驗。
但是當牧師一聲呼喚，大家紛紛從醉酒的狀態下清醒過
來，感覺好累但好舒服。就在大家忙著寫見證的時候，
我的臉部不自主地扭動起來。我大聲地叫著：「牧師，
救我！」牧師走到我身邊，知道是一種彰顯。牧師在我
耳邊說了一些話，我的臉部扭動停下來了。但是當牧師
一走開，臉部又開始扭動，牧師再次來到我身邊，扭動
便又停了下來。特會結束了，我卻沒有結束！

　　回到家中，臉部仍會不自主地扭動，當我躺在床上
準備入睡，卻是徹夜難眠，心裡反覆唱著「和散那！和
散那！」這是《軟弱的我變剛強》歌詞中的兩句，其他
的歌詞我不記得了，但這兩句卻是縈繞不去。我覺得有
一股氣在我的體內追逐，時而追逐，時而暫停，攪擾了
我一整夜，而我對這場追逐無能為力，無法使這股氣停

下來。臉上仍有不自主地扭動，有時很誇張，有時又還好，我失去了駕馭自己肢體的能力，身體會受一股力量的牽引往後倒。一開始我並不以為意，認為是聖靈在作工。但是整整三天，我不能吃也不能睡，只感覺自己的身體彷彿被借走了，暫時不是我的。

只是時間一久，我也慌了，不得不向牧師求助。在教會裡，我先勾選了一張認罪清單，牧師帶領我一項一項地作認罪禱告，然後在牧師和傳道合力下，進行趨除體內邪靈的工作。牧師奉耶穌的名斥責各種名目的靈，悲傷的靈、恐懼的靈、憤怒的靈等等，邪靈被趕出時，我會有嘔吐的現象，就是和醫治特會時一樣，嘔吐物只是很多泡沫的水狀液體，並無其他。當傳道在我身上按壓一些部分，有時我還能指示她位置，我能感覺那股氣的存在。

牧師為我趕出非常多名目的靈，最後是死亡的靈，它十分頑強，牧師花了很多時間才將它趕出來，總共進行了兩個多小時。牧師說乩童的身上更多，他曾經為一位擔任乩童多年的教友趕了三個多小時。乩童是靈媒的一種，由鬼神附身在人身上的一種巫術。這些邪靈，長期內住在我們身體裡面，佔地為王。聖靈內住，它們理

當會離開，但是如果數量太多，就需要外力介入幫忙。牧師說：「以後要經常奉耶穌的名，趕逐這些邪靈，不再讓它們進來。」

聖經上有記載：「**於是說：『我要回到我所出來的屋裡去。』到了，就看見裡面空閒，打掃乾淨，修飾好了，便去另帶了七個比自己更惡的鬼來，都進去住在那裡。那人末後的景況比先前更不好了。」**（馬太福音十二章44-45節）牧師說：「你的身體現在打掃乾淨了，是主的殿，由聖靈負責保守你的一切，身體是有主權的，你有權利允許讓誰進來，不讓誰進來。現在已經奉耶穌的名，驅逐那些不屬你的邪靈，你要保守你的心，勝過保守一切，因為一切的果效，都是由心發出來的。」牧師的教導我謹記在心。

回想自己的過往，因為無知，因為不認識真正的神，而拜了很多假神。我從小就相信靈的存在，對於靈異的事充滿好奇。有一段時間流行玩碟仙、錢仙，很多學生熱衷這個活動。後來聽說有人請來了卻送不走，反倒使人受害，就平息了熱潮。我從小體質比較敏感，偶去觀看出殯前的法事，會有頭暈身體不適，需要臥床休息的情形，又是害怕又是想要接觸。在鄉間人們很相信，算

命、卜卦、看日子、收驚、問神，幾乎是生活的一環，
人們知道靈的存在，卻是神、鬼不分的，全部存著敬畏
的心。

在我信主之前，確實接觸過不少這些事，我為熟識
的人排紫微斗數，還被稱讚有天分，我也研究塔羅牌。
家中供奉的千手觀音，是媽媽從算命那裡花錢買回來供
奉的，當時香火鼎盛，據說是那尊觀音很靈驗。我們從
小拜到大，直到我先生出了事，心中所依靠的正是這尊
千手觀音。

在先生昏迷不醒的四十二天當中，為了他能求的都
求了。病床上是關心的人帶來的靈符、佛珠、聖經，還
有密宗高僧加持過的聖水。在朋友的介紹下，去找了據
說十分靈驗的卜算師，不料這卜算師竟問我：「這人還
在嗎？」我說：「現在正在加護病房。」原本要排流年
看運勢，他竟說：「不用了，這個人不長命，卜個卦就
好。」卜了卦之後，他告訴我：「其實我也很少對人家
直接這樣說，你作參考啦，這個人，不是死，就是成為
植物人，還能撐到現在很不容易了，我以為他早已往
生。」原本要實施一種法術（蓋魂），但需要病人的血
才能作法，後來決定不做了。只去了卜算師建議的土地

公廟,帶衣服去進行過火儀式,並抽了兩支看來也不樂觀的籤,一首是「若要求財未得時,只恐鬼賊相侵害,關門閉戶家中坐,災禍偏從天上來」,另一首「鬼門關上遇無常,鐵船過海浪頭風,口頭冤家如咒詛,汝欲去時災禍殃」。

連續抽了兩支下下籤都和生死有關,解籤先生安慰我,船還在風浪上,尚未脫離險境,就請眾神多保佑吧!那一陣子,我是逢廟必拜,且還許了許多願。會有如此多的邪靈附在我身上,也就不足為奇了。聖經上說:「**我乃是說,外邦人所獻的祭是祭鬼,不是祭神。我不願意你們與鬼相交。**」(哥林多前書十章 20 節)如果我們打開心門,不加以分辨,就會讓邪靈有入住的機會。這些事是真實的發生在我身上,一輩子都不會忘記!

離開教會,走在回家的路上,我發現自己的心思意念都合一了。心裡再也沒有兩個聲音,一個引誘我到窗邊,告訴我跳下去就舒服了!另一個提醒我,趕快離開不要逗留。這兩個心裡的聲音其實存在很久了,往往一個要我往東,一個要我往西,因此我經常猶豫不決、舉棋不定,不知如何判斷才對,而現在的狀況實在太好了。

領受聖靈恩賜

在這之後，又參加了幾次全人醫治特會，在其中一次我獲得了說方言的恩賜。說方言是很奇妙的經歷，前一刻還不會，下一刻就能說出十分流利的語言，而且一旦獲得這個能力就不會消失。我所說的方言，像是某國的語言，有時真的好想知道這是哪個地方的語言。雖然我不能了解我所說的話，但那真是一句又一句的話語，藉著我的口傳講出來。我能察覺，為不同事情禱告，說的是不同的話，這話語也有情緒，有時嚴厲、有時溫和、有時憤怒、有時悲傷，視禱告的事而有不同的情緒表現，就像我們平時說話一樣，會提高語調也會降低語調。有時我在方言禱告裡，哭得不能自已，連我自己也不明白，因何如此悲傷？

有一回為我媽媽的疾病醫治禱告，竟悲傷地哭起來，驚動孩子過來問我怎麼了，我是關著房門獨自禱告的，那回媽媽因病送了急診，事後妹妹拍了視頻傳給我，神智不清的媽媽閉著眼睛，右手不斷在抓取什麼，那正是我為她禱告的時候。還有一回是為了家中要除偶像，在方言禱告時，竟然感覺到憤怒，像是在厲聲斥責某些人。

我雖然不知道方言的內容是在說些什麼，但是從語氣的表達上，約略可以察覺所禱告的事件，是往好的方向或是不好的方向走。聖靈使用我的口來說靈語或唱靈歌，方言禱告時，大腦是沒有用處的，源源不絕的言語從口裡流出來，它很流暢不中斷，因為不需要經過腦子繞一下再出來，就是不需思考，所以當我們用悟性說得有限，用方言卻能禱告很久。

「那說方言的原不是對人說，乃是對神說，因為沒有人聽出來，然而，他在心靈裡，卻是講說各樣的奧祕。」（哥林多前書十四章2節）「方言」在希臘字單純意指「語言」，它意味著正確的文法和句法。我曾聽說，有一個人以一種自己所不知的語言禱告，但以這種語言為母語的外國人聽懂了這人的禱告。方言禱告主要供個人禱告之用，這個恩賜主要是為幫助我們，在禱告遇到困難時或不知如何禱告時使用。

世界上唯有基督徒可以在聖靈裡禱告，我們的軟弱有聖靈幫助，神不會改變祂的性格，我們的禱告不能改變神的本質，但可以改變祂的作為！在許多的時候，一連串奇妙的巧合開始發生，而事情發生的機率，讓我們明白神垂聽禱告，世上沒有這樣多的偶然、湊巧、剛好，

那不是運氣的成分，那顯然是種安排。如果不是神垂聽了禱告，就不會接連發生許多這樣的事，在我的生命中，領受了很多次這樣的恩典。神愛我們，樂意幫助我們，也樂意與我們同在，更樂意與我們在靈裡交通。沒有經過大腦，也不是出自思想，靈就是知道，而話語可以從聖靈傳到人的靈裡，幫助我們明白父神的旨意。

生命的分水嶺

四十五歲這年是我生命的分水嶺，因為認識耶穌，神將我從死亡中拯救出來，給我各種恩典，讓我的生命得以「重生」。這一年我成為正式的基督徒，完成了基督徒信仰入門：悔改向神、相信耶穌、接受洗禮、領受聖靈。四個重要步驟的完備與否將會影響一個基督徒的屬靈生命。在靈命起點上就獲得符合信仰四要素的人，以後很少遠離信仰，因為在聖靈的幫助下，比較能夠經過略為指點，靈命就成長而成熟。信仰對我來說，不是許多加諸於外的規矩，而是發自內心的真情流露，我以真心愛神，神也以真心愛我。我的神是阿們的神，「阿們」意味著完全的可靠，確實會發生，毫無疑問。因為

「阿們」是「真實」。祂是信實的神，如果祂說了某件事情，就必定會發生，祂從不食言。如果祂說將做某一件事，就一定會做。

無數個得勝

我在年初領了應許紅包「得勝」開始，有了無數個「得勝」。來自於神的應許，給了我很大的力量。從年初到年底，領受到諸多得勝！首先是勞資糾紛的官司「得勝」，資方賠了一筆錢；報考駕照，竟一次就考過了，「得勝」；小兒子考上北部學校，「得勝」；搬家有望，「得勝」；我和先生受洗信主後，開始有人詢問先生繼承來的畸零地是否願意出售，這是一塊必須和他人合併才能使用的畸零地，因為沒有自己的出入口，因此出脫十分不易。很多看過這塊地的人都說，這塊地這輩子大概是看得到吃不到。如今這塊地順利出售，我才有錢整修北部的房子，方便先生居住，為了進出方便，更是需要有一部汽車代步，才能載送先生，交通問題也得到解決。

記得初信主時，曾跪下來向神祈求：「請求主，為我擔勞苦重擔，給我明日的糧食。」如今奇妙的事正在

發生，主回應了我的祈求，買家出現得實在太巧妙了，令人無法置信！

「凡勞苦擔重擔的人可以到我這裡來，我就使你們得安息。我心裡柔和謙卑，你們當負我的軛，學我的樣式；這樣，你們心裡就必得享安息。因為我的軛是容易的，我的擔子是輕省的。」（馬太福音十一章 28-30 節）在中東，軛是一條長木條，在上面挖兩個洞，可以讓兩隻動物的脖子並排套進去，我們與神同負一軛，是耶穌和我們一起承擔，所以軛是容易的，擔子是輕省的。神的奇蹟只會受限於我們的信心，一旦看到一件，就會相信祂可以再行一件，看到兩件，就會相信還有更多。這真是得勝的一年，信實的神看顧我一切的需要，房子整修因為工程延宕，卻獲得基督徒鄰居因為賣屋而贈送的一屋子二手家具，主的恩典往往是超出所求所想的。「我樣樣都有，並且有餘，我已經充足，一切所需用的都充足了。」（腓立比書四章 18 節）我在記事本上寫下的願望，神讓它一一實現了！我不僅得勝還得勝有餘！這是我在認識耶穌之前想都不敢想的人生啊！

「這一生最美的祝福，就是認識主耶穌，這一生最美的祝福，就是能信靠主耶穌。走在高山深谷，祂會伴

我同行，我知道這是最美的祝福。」正如《這一生最美的祝福》這首詩歌，我的人生因為認識耶穌，信靠耶穌而變得美好。原來的咒詛都變成祝福了。有人形容「機會」像戴著面具，而人永遠只能看到背後，當見到面具時已錯過而無法抓取，我們看不見自己，而神卻清楚地看見我們，祂比我們更了解我們自己。在抽取基督徒中普遍使用的祝福卡時，經常驚訝地歡呼：「神啊！祢竟是如此了解我啊！」而人生中最重要的機會，就是緊緊抓住神，祂會使我們成為心靈富足的人，而且神是供應一切的神！

第 3 篇

我的屬靈經驗

神以許多方式對我們說話,包括聖經上的話語、
大自然、人們、環境、智慧、平安、預言、異夢、
異象,以及超自然的介入等,神也透過我們的
良心,渴望可以用肉耳聽見的聲音對我們說
話。神想要告訴我們,祂對我們一生的計畫。
如果我們不學習去聆聽,順服祂的聲音,
就可能會錯過祂的美好計畫。

超自然的恩賜

　　認識耶穌轉眼已經十年了。因著認識主，我的生命
得著救贖，也得著改變。神接納任何來到祂面前的人，
用真心的悔改，回應神的愛，並接受救恩的任何人。我
們都是神的珍寶，是重價贖回的，不應該輕看自己。信
主前我因為曾經輕看自己，而恨透自己的人生。那是一
段獨自在黑暗行走，看不見亮光的日子，輕賤自己的生
命，是一顆隨時會引爆的不定時炸彈，傷了自己也傷了
別人。慶幸的是，救恩的光臨到了，救我出黑暗入光明，
光照在黑暗裡，黑暗就束手無策。光能勝過黑暗，黑暗
卻不能熄滅光。我帶著一顆渴慕，願意被救贖的心，聖
靈很快常駐我心，保守我的一切，而聖經上的話語，也
成為生活上很大的幫助。神的恩典難以細數，神與我同
在，有時是提醒，有時是安慰，有時是憐憫，有時是勸
勉，有時是鼓勵，神是我隨時的幫助。

　　愛我的神對我來說，並不是抽象的概念，而是深刻
又具體的存在。在我接受聖靈的洗禮之後，經常感覺祂
的同在，多次被聖靈充滿，獲得「說方言」、「說預言」、
「作異夢」、「見異象」的屬靈恩賜。聖靈是耶穌賜給

我們的，恩賜則是聖靈隨己意分給我們的。靈恩的現象是清楚地經歷聖靈，領受人知道自己領受聖靈，而在場的人也會知道，因為那種經歷是可以看見的。在〈使徒行傳〉中，大家在領受聖靈的時候，除了親身的經歷，還有徵兆顯現，所以個人不但知道這件事何時發生，有沒有發生，別人也會知道，而且是馬上知道。

　　受聖靈的洗被稱作「被聖靈充滿」，被封了聖靈的印記，被聖靈膏抹，或是說聖靈降臨在人身上、聖靈澆灌在人身上，這些說法都是在形容一個人「領受聖靈」。一旦經歷到聖靈充滿，不久之後便會得到聖靈的恩賜，耶穌一旦賜下聖靈，聖靈就會賜下以前沒有的超自然恩賜。原本沒有什麼天賦的人，卻能夠領受並且使用超自然的恩賜，這些是以前所沒有的能力，是神所賜的能力，超乎人類的能力。人的天賦可能來自遺傳，但是屬靈的恩賜無法人傳給人，只能神傳給人。保羅在〈哥林多前書〉有提到，「所以我告訴你們，被神的靈感動的，沒有說『耶穌是可咒詛』的；若不是被聖靈感動的，也沒有能說『耶穌是主』的。恩賜原有分別，聖靈卻是一位，職事也有分別，主卻是一位。功用也有分別，神卻是一位，在眾人裡面運行一切的事。聖靈顯在各人身上，是

叫人得益處。這人蒙聖靈賜他智慧的言語，那人也蒙這位聖靈賜他知識的言語，又有一人蒙這位聖靈賜他信心，還有一人蒙這位聖靈賜他醫病的恩賜，又叫一人能行異能，又叫一人能作先知，又叫一人能辨別諸靈，又叫一人能說方言，又叫一人能翻方言。這一切都是這位聖靈所運行，隨己意分給各人的。」（哥林多前書十二章 3-11 節）

聖靈和恩賜密不可分，如果沒有傳講聖靈，經歷聖靈，就看不到聖靈的恩賜。所以先要領受聖靈，接著聖靈才會持續供應超自然的恩賜。神是靈，神可以無所不在，祂充滿在祂的受造物當中，祂是全知全能無始無終的神。聖父、聖子、聖靈是三位一體的神，像我們身體的靈、魂、體一樣，同屬一人，但各司其職，聖父預備救恩，聖子成全救恩，聖靈執行救恩。藉由聖靈的恩賜領受能力，也是歸向基督的重要部分，當被聖靈充滿時，就影顯出聖靈的能力。

神賜下聖靈，這是給每一位基督徒最美好的禮物，當聖靈這個最大的禮物被賜下，祂就賜下恩賜，而渴望這些恩賜是正確而正當的。聖經譴責世俗的貪求，但命令基督徒渴求（切慕）聖靈的恩賜。靈是神覺之所在，

魂是自覺之所在，身體（五覺）則用來感應外界的事物。
「神是在我們的靈裡，自己是在魂裡，感覺則在身體
裡。」魂是人格之所在：心思、意志、情感、理智、自覺，
魂可以管轄身體。靈負責：良心、交通、直覺。魂負責：
心思、意志、情感。體負責：感覺、行動、作為。一般
人習慣靈、魂、體能自我控制，對於超自然的事物或現
象難免感到害怕不安，難以接受。再沒有比超自然事物
的出現，更讓人毛骨悚然的了。懼怕是人肩頭上的最大
重擔。

　　人抗拒超自然的事物，是基於保護自己的自然反應。
聖靈的恩賜有人接受有人拒絕，許多人並沒有領受，因
為他們擔心這些恩賜可能來自魔鬼，並且會帶來令人憂
慮和邪惡的事，還有人擔心假冒的屬靈恩賜所帶來的危
險。許多邪靈確實在現今世界流竄著，不幸的是，人們
被這些靈所掌控，若被這些邪靈所附，要拒絕邪靈的方
法，唯有聖靈進入，方可驅逐邪惡的黑暗之靈。以我自
己的經驗為例，曾為附在我身上的諸多邪靈所苦，聖靈
進入後，邪靈得到驅逐，而我獲得前所未有的喜樂與平
安。依靠聖靈的保護與幫助，讓我免受一切的傷害。聖
靈賜給那些想要接受祂並且願意一同與祂前進的人。

　　信主之後的日子，並不表示人生就此風平浪靜，不再有波折，而是有了更大承受風雨的能力，因為有主同在，我們就不怕風浪，勇敢地向前航。在人生中不管是何時加入信主的行列，重要的是我們這些蒙神揀選的人，是否真正認識神，是否能聽見神的聲音（話語），是否有過被聖靈充滿的體驗。使徒保羅非常看重這種經驗，耶穌求父賜下聖靈保惠師，保守我們的一切，讓聖靈常駐我們心中，保守我們的心思意念。「**只等真理的聖靈來了，他要引導你們明白一切的真理；因為他不是憑自己說的，乃是把他所聽見的都說出來，並要把將來的事告訴你們。**」（約翰福音十六章 13 節）

　　新約聖經幾乎都在講述耶穌的大能和聖靈的工作。這是神賜給人最美好的兩件禮物，這是唯有基督徒才能領受的，並教導我們如何成為基督徒。在跟隨主的道路上，堅定心志過著合神心意的生活。「**我們所領受的，並不是世上的靈，乃是從神來的靈，叫我們能知道神開恩，賜給我們的事。並且我們講說這些事，不是用人智慧所指教的言語，乃是用聖靈所指教的言語，將屬靈的話語解釋屬靈的事。然而，屬血氣的人不領會神聖靈的事，反倒以為愚拙，並且不能知道，因為這些事，惟有**

屬靈的人才能看透。屬靈的人能看透萬事，卻沒有一人能看透了他。誰曾知道主的心去教導他呢？但我們是有基督的心了。」（哥林多前書二章 12-16 節）

人的本性帶著罪性，很多時候，很難靠著自己來克服，能夠不流於世俗的人畢竟不多，多數人在慾海沉浮。但是當我們有一個可以幫助我們來勝過及克服的力量，一切就容易多了，在靈裡越得飽足，在物質慾望上就越不感覺缺乏。唯有在靈裡得自由、得釋放，才會有喜樂豐滿的人生。人的不完全需要神的完全來充滿。一只空的杯子，永遠是空的，必須有東西注入才會被填滿，因此我祈求聖靈來充滿我的心，也求聖靈來充滿我的靈，我願意順服神，用心靈和誠實來敬拜祂，做一個表裡如一，心口如一的人。太多的虛謊詭詐會讓聖靈嘆息！「不要自欺，神是輕慢不得的，人種的是什麼，收的也是什麼。順著情慾撒種的，必從情慾收敗壞；順著聖靈撒種的，必從聖靈收永生。」（加拉太書六章 7-8 節）可見誠實無違的良心是神對我們最基本的要求。

神是真的神，不是假的神，祂要「真」不要「假」。耶穌對假冒偽善的法利賽人，經常疾言厲色，是因真神看不慣假冒偽善的人。要在這虛謊詭詐的世界裡，保持

一顆純潔不被污染的良心並不容易。良心的部位,乃是人的靈。良心是人類辨別是非對錯的能力,良心乃是在神創造人的時候,就安置在人裡面了。良心的功能是在人吃了知道善惡的果子,就產生羞恥的感覺,良心開始起了作用,有感知的功能。良心是心裡的窗戶,窗戶的本身並沒有光,光都是從別處透進來的,眼睛是靈魂之窗,我們靠肉體的眼睛來分辨是非善惡。「**眼睛就是身上的燈。你的眼睛若瞭亮,全身就光明;你的眼睛若昏花,全身就黑暗。你裡頭的光若黑暗了,那黑暗是何等大呢!**」(馬太福音六章 22-23 節)

我們需要聖靈來點亮心裡的眼睛,因為肉體的眼睛容易被肉體的情慾,眼目的情慾,並今生的驕傲,弄瞎了心眼。我們得救重生之後,聖靈進到我們裡面,把我們的靈點活過來,也給我們一個「新靈」,使靈裡的功能被恢復了。良心重新有了功能,人活在良心裡且向良心負責。現代社會失喪了為人基本的「良心」與「道德」,良心是內在的思維,道德是外在的行為,因此有什麼樣的良心,就有什麼樣的道德。富裕的社會是沉淪的製造機,更富裕的社會,有更多更貪婪的人心。每個人都想一夕致富,很多人的錢財來源,經不起檢驗。更多的黑

心商品、黑心作為充斥著這個世界，這黑暗是何等大呢！

聆聽神的聲音

　　千百年來，神一直透過各種方法對世人說話。聖經記載了士師、祭司、先知等，神透過他們來轉達訊息。而現今神藉著聖靈，直接和我們溝通，就算是生命中最微小的事情，神都樂於參與其中。所以在所行的一切事上都要認定祂，祂必指引我們的路，人生中如果沒有神的幫助和引領，在很多事情上，必然是艱苦而徒勞的，因為方向不一定正確。因此學會聆聽神的聲音就格外的重要。神以許多方式對我們說話，包括聖經上的話語、大自然、人們、環境、智慧、平安、預言、異夢、異象，以及超自然的介入等，神也透過我們的良心，渴望可以用肉耳聽見的聲音對我們說話。神想要告訴我們，祂對我們一生的計畫。如果我們不學習去聆聽，順服祂的聲音，就可能會錯過祂的美好計畫。訓練自己尋求神，就會知道，祂也會用許多忠告來幫助我們釐清事實，或者給我們確據，讓我們確知是來自神的聲音。神是好牧人，祂的羊必認得祂的聲音，而祂也必認得祂的羊。

在經歷神同在的過程中，漸漸明白，我因何活著，我的存在究竟有什麼意義與價值。假如信主過程是在一個戲劇化的危機中信主，當回顧時就會明白，原來神早已介入我的生命中，並早就預備我，對我說話，並把我帶到這危機中。全然信靠主不會毫無原由，神的介入必然有祂的美意在其中。如果我不是因搬到中部的三年經歷，可能至今仍不認識神。每個人會有不同遇見神並經歷神的過程。使徒保羅曾是到處追捕基督徒的法利賽人，他在將到大馬士革的路上，忽然從天上發出亮光，四面照著他，他就仆倒在地，聽見有聲音對他說：「掃羅！掃羅，你為什麼逼迫我？」他說：「主啊！你是誰！」主說：「我就是你所逼迫的耶穌，起來，進城去，你所當做的事，並有人告訴你。」掃羅從地上起來，睜開眼睛，竟不能看見什麼。三日不能看見，也不吃也不喝。當下，在大馬士革的一個門徒找到他，進來按手在他身上，叫他能看見，又被聖靈充滿，掃羅的眼睛上，好像有鱗，立刻掉下來，他就看見了。掃羅後來改稱保羅，他先受聖靈，然後接受水洗，願意悔改相信耶穌，證明耶穌是基督。保羅是神所揀選的器皿，為要到外邦人那裡，宣揚耶穌的名。保羅具有羅馬人的身分，這個身分

幫助了他在福音的推廣上傳給外邦人。

「弟兄們哪，可見你們蒙召的，按著肉體有智慧的不多，有能力的不多，有尊貴的也不多，神卻揀選了世上愚拙的，叫有智慧的羞愧，又揀選了世上軟弱的，叫那強壯的羞愧。神也揀選了世上卑賤的，被人厭惡的，以及那無有的，為要廢掉那有的，使一切有血氣的，在神面前一個也不能自誇。」（哥林多前書一章 26-29 節）只要是神所賜予的屬靈恩賜，即使之前並不具備那樣的能力，只要一經獲得，就能熟練的使用恩賜，基督徒運用恩賜的不同，不在恩賜本身，而是在於面對恩賜的態度。聖靈只會被賜給那些想要接受祂，並願意運用的人身上，能力放到不對的人手上是很危險的。

聖靈的恩賜可以帶出很大的好處，也可以是很大的傷害，端視運用恩賜之人的品格。而與聖靈同行的人，必結出聖靈的果子來。屬靈操練，讓人亦步亦趨隨從聖靈的引導，恩賜和果子是相合的，沒有聖靈果子，恩賜亦無用。聖靈的果子，是一種果子，有九種「風味」，三種與神的關係有關（仁愛、喜樂、和平），三種和他人有關（忍耐、恩慈、良善），三種則和自己有關（信實、溫柔、節制）。所以不但要渴慕恩賜，也要追求果子，

若一個人身上找不到以上九種美善的特質，即使擁有再多恩賜，也與人無益。恩賜也有仿冒和造假，需要分辨人背後的靈，因此務必把稗子從麥子中挑出來，有一些似乎是假冒的恩賜，務必要分辨真偽。

異夢的啟示

接受基督信仰的這十年來，我經歷了許許多多奇妙的事，也擁有幾樣屬靈恩賜，說方言是最早發生的，陸續是異夢、預言、異象。在許許多多的夢境中，異夢通常特別清晰而短暫，夢醒時印象特別深刻。有些異夢，我一時不能完全明白夢的含意，有些異夢，部分明白部分不明白，但大多時候，夢醒之後首先進來的念頭，往往是神要對我說的話，只要反覆推敲思考，就能明白話語的含意，有時是提醒，有時是預告，有時是勸告，皆是和我日常生活中的事有關，因此對我的人生十分受用。異夢的特徵是：在醒來之後馬上領受到夢的解釋，且夢的記憶揮之不去，直到神向我啟示它的意義。我所做過的異夢，不管過了多久，回想時仍栩栩如生歷歷在目，甚至可以深刻回溯夢境。

　　我們的神真是奇妙的神，祂給我的異夢經常十分有意思，且含意清楚。有一回，夢見自己開車在路上，到處堵車，只好不斷換路線，為了買一瓶水。費了九牛二虎才買到的水，是為了調製成一杯飲料，結果才一攪拌，竟然全漏光了，原來杯子是會漏的。我就叫兒子再去買一瓶，用走路去就好！夢醒後，覺得自己真可笑，只要走路就能到的地方，為什麼要開車滿街找？還有器皿堪用就好，再華麗貴重，用到會漏的，一切都是徒勞！又有一回，夢見一個老師在教學生數學，我很好心地走過去提醒學生：「要約分，不然你會算不完！」這是一個很好的提醒，人生要懂得約分，擴分不能顯出自己的能力，只會讓原本單純的問題，複雜到無法收拾。

　　還有一回，夢見我正在把被子一件一件的掛在竹竿上，竹竿有些高度，需要跳很多次，才能把被子掛上去，被子是敞開披上去的，卻都是重疊交錯的，被子是乾的不是溼的。夢醒，我很詫異因何這樣晾被子？乾了為何還需要晾？直覺是敞開掛起來的那些被子，是我無數的惱怒。昨日我又為了先生一而再再而三的行為惱怒了！在晚上禱告時，訴說我的惱怒和懊悔，我真是厭煩了這樣一再重複的戲碼。神以異夢對我說話，就是把惱怒像

被子一樣的敞開之後掛起來，就別再理會它了。無解的問題，就別費心解了！這些富有哲理智慧的話語，不正是愛講比喻的耶穌最常用的方法嗎？我除了經常做些富有含意的夢，有時也有預告的夢，在事情尚未發生之前，就知道結果了，而且通常八九不離十，有時準確的令我吃驚。我知道那是出於神的善意提醒，之後會有詳述。

另外我也會做一些當下並不了解含意卻很深刻的夢，夢境是色彩絢爛無比的。有一個夢境，我開著車，車子四周有無數的車子向我衝過來，我心想完了！但是卻安然無恙地躲過那些車陣，當我把車停下來，竟然走進一個好美麗的花園，在花園的長廊上，我像一個好奇的孩子，到處走走看看，那些色彩繽紛的花朵，美得不似人間所有，而花園裡以花草為主的造景配置，美麗的令人驚嘆，是以明亮的黃色為基底，五彩絢麗卻又柔美和諧，非常賞心悅目，令人流連忘返。那是我唯一一次見到那樣美麗的花草樹木。夢醒後覺得自己彷彿置身天堂！

另外，還有一個令我印象深刻的夢，夢境中，我身處一個戶外的聚會場所，空曠的草地上聚集了很多人潮。廣播器忽然廣播了我的名字，說我文章寫得很好要得到

獎賞。獎賞的禮物竟是十頭羊。羊有領人歸主的含意在其中，「十」在聖經中是有含義的，表示事物的整體或一些東西的總和。至今我尚不明白，其中真實的含意。還有一次，夢見自己正在搬一塊面積很大，表面平整的水泥塊，夢沒有開頭也沒有結尾，就只是個畫面。我也不明白因何要這樣做？畫面結束，人就醒了，第一個念頭是「在主沒有難成的事！」第二個念頭是「自己搬不動，可以找很多人來搬啊！」我想了很久，覺得那塊水泥塊就是我寫的書。

　　信主之前，我的夢境大多和自己的生活有關，所謂日有所思夜有所夢，且經常做同樣的夢境，彷彿醒時是一個世界，睡著又是一個世界，而且夢境還有續集。我是淺睡易夢的人，一般沒有什麼特殊含意的夢，很快就會忘記，而心裡有打不開的心結時，同樣的夢境就會一再出現。信主之後，神經常會用夢境來啟示我，內心就能豁然開朗，凡是出於神的勸勉，我都願意聽從，神用各種方式說話，異夢、異象只是其中的方式。

看見異象

有一回，我被邀請到一個私人聚會場所作見證，那回有提及尚未認識主前，多次自殺最後被神所救的見證，多日之後，聽聞有教友自殺，我的心情極為沮喪，我不知她在那場聚會中是否在場？晚上向神禱告時，感覺自己十分地悲傷，不知是否因自己的無心之言造成聽者有意的遺憾。我在禱告中哭了，甚至想要將我的見證就此束之高閣，從此不再講述。第二天早上醒來，因我戴著眼罩，清楚看見出現黑底白字「信心」，心裡感到疑問不知怎麼回事。信心出現了一段時間，之後消失，換成「多做」之後又在旁邊備註（真相），多做的字型是長條的，字型也明顯不同，消失之後，換成「自信」，之後是「相信」，最後是「機會」。因為一個詞一個詞是單獨出現的，且都留停了一點時間，讓我邊看還能邊思考，當我摘下眼罩，馬上把這個順序寫下來。信心→多做（真相）→自信→相信→機會。我知道這是神對我說話，在異象中，神啟示我要有信心，不要因覺得多做多錯，少做少錯而選擇不做，真相是提醒我做對的事（真相只有一個，對的也只有一個），神看出我缺乏自信，

不知道自己所做的事是否具有價值與意義，祂提醒我相信神的同在，以後必然還有許多的機會。神的話語完全安慰了我，心中不再有重擔。

還有一次，我被罹患失智症的媽媽言語傷害了。我知道她因為生病了才會這樣說話，她並不知道她自己所說的，有多麼傷人，但她踩疼我內心的傷口了。一個母親怎能對她的女兒這樣說？表面上我不放在心上，因為她失智了，口不擇言，但又在心裡不斷反問，一個母親怎能這樣說話？過了幾天，我終於在禱告中向神承認，其實我很在意，在意媽媽所說的這些話。就在隔天一早，收到朋友傳來的訊息：「不要留住傷害自己的話，有智慧的人，是一個不留住傷害自己的話在心中的人。」

看了標題，我知道這是神給我的話，因為傳訊息的朋友，並不知道我的事，而昨日我正為此事禱告，今日我完全釋懷了！我的神是深知我心的神，比任何的人更加了解我。個人性的異夢或異象是要幫助一個人靈命的進步，或引導人生的方向。但異象、異夢卻不是求來的，而是神隨從祂自己的意思賜給人的恩賜。神向人啟示的途徑很多，最重要的是透過聖經，主耶穌基督及祂的聖靈，向世人啟示。所以多禱告，多讀經，靠聖靈的引導，

就可以使我們明白神的心意。

蒙受恩典的人

　　基督信仰帶給我的喜樂源自於主耶穌。在耶穌裡，我的靈得到完全的自由與釋放，原本封閉不愛與人交流的個性，開始有了改變，信主前的我，面容表情很少，帶著憂鬱氣質，不愛笑、也不常笑，外表和內心一樣拘謹。在人多的地方，會感覺不自在，選座位習慣在不被注意的角落，在群體中經常隱藏自己，很少表示意見，看起來不容易親近，與人保持著一定的距離，安靜孤獨的心門不輕易打開，只容許少數人進來。「A型處女座」吻合我的很多特質，追求完美的個性，其實讓我活得很累。

　　信主之後，了解唯有神是完美的，人不可能是完美的，人類的行為受到遺傳、環境與成長背景的影響，人並非天生無善無惡，人身上善與惡的潛質也不是均等的。而來自傳遺、環境、成長背景的因素，我們很難靠自己的力量改變。當人走到盡頭，也就是神開始動工的時候，我們倚靠神的恩典，而非靠著自己的力量或才能。必須

因信蒙神能力保守，一切屬天的資源都任由我們支取。只要我們甘心樂意降服於祂的旨意之下，跟隨祂的腳蹤，效法祂的榜樣。歡迎耶穌來解決我們所有問題，在主沒有難成的事。想要得著耶穌所賜的平安，就要迎接耶穌常駐我們內心裡面，而耶穌所賜下的是真平安，由祂來保守的平安。

　　信上十年來，最大的改變是，現在再無人能將我歸類到哪個星座，不再有人相信我是處女座，因為現在的我活得開朗、灑脫、自在。以前經常多慮、憂愁的個性，在每日的交託仰望交給神之後，就不再多想了。沒有什麼比交給神更穩妥了，不是嗎？因為聖靈的幫助，我的禱告總能得到神即時的回應，我很安心，祂一直都在。我是一個恩典滿滿的人，跟隨神，經歷各樣神奇美妙的事。我的神是常常對我說話的神，祂說：「有神同在的人，不要活得像沒有神同在的人一樣。」有了神，我不再是孤身一人，因為神與我同在！

第 4 篇

生命中奇妙的轉彎

每每回想起那日景況，心中便不寒而慄！自己身處那樣危險的境地竟不自知，愚昧無知差點釀了大禍！如果那天我不是下了高速公路撞上民宅的水泥矮牆，而是在高速公路上肇事，造成的傷害恐怕不只是我個人的死亡，還會波及無辜者受到傷害，甚至要面對天價賠償，不只死了還會拖累家人。原來只要四十分鐘的車程卻迷航成四個小時，這是神多大的保守啊！

再次蒙神拯救

這對我的人生來說，是一個重生的日子。我永遠無法忘記這一天，因為我的生命差點在那天出了大事，甚至劃下休止符也不一定！神又再一次地救了我。前一天我外宿在其他縣市，在傍晚時小睡了一下，夢見我們十多人的大家庭，也到這裡來了，大家在房間裡談天說笑，忽然間我留意到，大兒子怎麼沒有來？也不知因何特別留意他是否出現，夢醒後，心裡有一種奇怪的感覺，於是又反問了一次「他為什麼沒有來？」不料晚上八點多，接到他的電話，告訴我在醫院急診室，懷疑是闌尾炎，因為發炎指數很高，正在做各樣檢查確認病情。

我心裡很納悶，這幾日，有聽他說身體不舒服，看了醫生，說是感冒了，有發燒的情形，但仍舊正常上下班。他沒有明顯感到疼痛，是朋友看他燒燒退退不對勁，要他到大醫院作檢查。快十點了，來電說是確診闌尾炎，但是他在之前有吃一點東西，所以目前不能開刀，我要求他把電話給我，想親自詢問醫生狀況如何，他不肯，說醫生給他時間決定要不要動刀，我說該開刀就開刀，不要變成腹膜炎就難處理了，那是會要命的！他掛了我

的電話，之後一直聯絡不上他。

　　亞斯伯格症的孩子思維往往和常人不一樣，個性很執拗，堅持的事，也很難說服，因為他的語意經常表達不清，不擅長敘述事情，在事情弄不清楚的情況下，只好請好友夫妻幫我跑一趟去了解情況。原來是因為動手術前要埋軟針在手臂上，因為開刀過程需要打點滴或輸血，所以這是必要的程序。他因為怕痛，拒絕醫護人員在他身上施針，已經在醫院裡僵持兩、三個小時了，一度想逕行離開醫院，被醫護人員及時攔住。照過段層掃描，闌尾發炎（俗稱盲腸炎），已經腫了六倍大，開刀是必然的事了。安排隔天早上進行手術，家屬六點到就可以了，當晚留院觀察。好友為我確定了一切，我就安心了。

　　十二點多準備入睡，打算休息一下等天亮再開車過去。一般我是不開夜車的，因為天生的散光夜視能力不佳，上了高速公路，黑壓壓一片，什麼都看不清楚，所以總是避免夜間開車。因為外宿不容易入眠，所以服用一顆安眠藥助眠。熟料服下不到五分鐘，就接到醫院打來的電話，說要提前在一點開刀，請家屬現在就過來。我好無言，又不能把安眠藥挖出來，就這樣，我沒有多

思考，匆匆整理行李，把房卡交回櫃台，將行李上了車，設定了導航，就開車上路了。

不知開了多久，發現有東西阻擋了我的去路，就倒退一些，再往前行駛，一路開著車，掛心著孩子因何要提前動手術，是狀況不好嗎？我要趕快到，去幫他簽名，才能動手術，我不知道自己正在進行一趟玩命的旅程。當我意識清楚時，看見導航上顯示著三點鐘。天啊，孩子一點鐘開刀，我這是在哪兒啊？我不知道為什麼從東部跑到西部來了？而且油表指示燈亮著，我不知道燈已經亮多久了？上車前我確定油夠我開到醫院，但那是四十分鐘的車程。我一心擔心著孩子病況，著急何時到達醫院，當時已經凌晨三點鐘，夜正深，外面一片漆黑，根本看不見什麼，除了在我前後左右亮著燈光的車輛。

我知道該加油了，但不知該怎麼下去加油，我彷彿在深深的夜裡迷失了心智，若是在白天，我能清楚如何下交流道，可是我現在束手無策，一心只想著快點到達醫院，孩子正等著我！這一路上，隱約覺得不是我一個人在開車，我的心裡沒有懼怕，只有努力前行。接近四點鐘，終於抵達醫院，孩子已經完成手術過程，人也清醒了，正要送往病房。

　　我去加了油，發現燈罩上有一點小破損，是一個圓形的小洞，我不記得是怎麼造成的。感謝主！在我身邊一直護庇我，並保守我的平安！但是事情並沒有就此結束，沒多久警察找到家裡來了，詢問這部車前些日子是否去過某個地方，說實在我沒有一點印象，但是車頭燈上的小洞，又說明了我曾經碰撞過什麼。

　　我被傳訊去警察局製作筆錄，心中忐忑不安，因為那一顆要命的安眠藥，竟然讓我什麼都不記得，腦中像是斷了片，什麼都沒印象。這是我一直使用的安眠藥，也不知因何那天如此有效？往常服用後如果沒有馬上就寢，耽擱久了，就要再補服一顆才能順利入睡。而那一晚竟讓我失憶得離譜。警察依照程序，先為我的車子拍了照，車體並沒有明顯地受損，倒是車頭有被泥水噴濺的痕跡，正可說明，車子仍維持當天的樣子。

　　製作筆錄時，警察問我是否酒駕，我回答：「沒有喝酒。」他說：「隔了這些天，是也驗不出來了！」他放了路口監視器畫面，要我確認是否為肇事車輛。在畫面中我確實進入了對向車道，感覺碰觸到阻礙物，所以車子停了下來。拍攝角度看不出撞擊力道，但從後方確實清楚拍到我的車牌，確認是肇事車輛。從幾個路口錄

下的影像，我才知道是從哪條路進來，從哪條路出去，當時我並沒有絲毫印象。而車子停下來的地方，原來是撞倒了人行道上的一面水泥矮牆，而這面矮牆的作用本來就是為了防撞，因為那一條路直行就會上九彎十八拐的北宜公路，很多飆車族喜愛去那裡尋求刺激，而我不是飆車族，三更半夜因何去那裡？我也不知道。因為撞倒了別人的牆，涉及毀損罪，所幸沒有傷到人，不然問題就大了。我和對方達成了和解，賠償一切損失。

當我回到肇事現場，對方看了我的車子外觀不敢置信，牆都倒了，可見撞擊力道應該很大才是，車子毀損的程度應該很嚴重，怎麼可能僅僅只是撞破個小洞。牆旁邊還停放了一輛屋主的貨車，而那日我竟也閃過那輛車，只撞倒牆，否則賠償的金額就可觀了。

完成和解後，接下來是車子送修，原以為只是換個燈罩就沒事了，不料，修車師傅竟特別找我去看，他嘆為觀止，很驚訝我的開車技術！他說車的外表看起來完好如初，但是車裡的鋼樑都折彎且變形了，他說我撞擊時完全沒有踩煞車，才會這樣。但是踩了煞車，引擎蓋會因擠壓而掀起來，車子大概也開不了了。車子撞的角度很奇妙，若偏一點，事情就大了，真是不幸中的大幸！

修車行老闆和我較熟，忍不住對我說：「你的神有保佑你哦！很驚險，你知道嗎？下回別再這樣了！」

無法解釋的迷航

除了花了一筆可觀的修車費，我還收到三張超速罰單，也因為這幾張罰單，我才知道那一晚究竟到過哪裡。如果我沒有撞上那一堵牆，恐怕就會在高速公路上肇事了。因為當日車速是我在意識清楚時不會到達的速度，那日成了玩命的飆車族，差點不明不白地玩掉自己的小命。

每每回想起那日景況，心中便不寒而慄！自己身處那樣危險的境地竟不自知，愚昧無知差點釀了大禍！如果那天我不是下了高速公路撞上民宅的水泥矮牆，而是在高速公路上肇事，造成的傷害恐怕不只是我個人的死亡，還會波及無辜者受到傷害，甚至要面對天價賠償，不只死了還會拖累家人。原來只要四十分鐘的車程卻迷航成四個小時，這是神多大的保守啊！

當夜如果沒有那個關鍵的大迴轉，我就直行上了北宜公路了，那彎彎曲曲的九彎十八拐是連續的大彎路，

是延著山路行走，一不小心，不是掉落懸崖，就是落到
海裡了。自從雪山隧道開通，和快速便利的高速公路相
連，已經很少人挑戰這條危險又曲折的公路了。我無法
解釋自己因何會走到那裡，這是清醒時的我百思不得其
解的。我知道喝酒不能開車，開車不能喝酒，卻沒想到
吃了安眠藥上路，就如同酒駕一樣可怕。

我從來不曾有吃了藥還出門的情況，更加上夜視能
力不佳，不易看清路況，正常情況下，我是不會開車上
路的。我非常懊悔自己犯了這樣的錯誤，每次回想起當
日的景況，心情就難以平復，當時我正在閱讀《天路歷
程》這本書，看到經過死蔭幽谷的這一段，彷彿日前的
經歷，完全感同身受。一場令人難以置信的玩命路程，
讓我更深體會生死在神手中！

「賞賜的是耶和華，收取的也是耶和華，耶和華的
名是應當稱頌的。」（約伯記一章 21 節）當日若非蒙神
眷顧，我可能早已不在人世了。生死不過分秒之間，而
我竟然有三個小時，不知道自己在做什麼，連撞牆肇事
都無知覺，這是多麼離譜的行徑啊！我為自己的魯莽耿
耿於懷，這件事在我心中不止是警惕而已，還有更多無
法言語的感受。我確實受到非常大的驚嚇，不斷惱怒自

己的無知，對自己的行為感到十分懊悔。

　這次事件之後，對我的人生起了很大的變化。如果我那日就這樣死了，最遺憾的，將是想做而沒來得及做的事情！事發之後一直睡得不好，心裡悶悶不樂，心中百味雜陳，是一種經歷九死一生的感覺，卻沒有歷劫歸來的喜悅可言。沒有人能知道下一分鐘會發生什麼事，只有神知道，祂在我的生命中全部的計畫，我只知道任務尚未完成，尚不是離開的時候。仔細思考，其中有許多值得探究的部分。

超自然的幫助

　我在白日將路徑走了一次，心中卻有更多的疑問：那日我離開旅館是清醒的，卻在不久之後失去意識，卻也沒有停在路邊睡著了，而是一直開著車，由罰單看來，我走了幾條不同的路線，顯然我不是按著導航走，導航若走錯方向會提醒迴轉，而我絲毫不記得聽見導航的聲音，甚至連有沒有進入長度十分長的雪山隧道都不知道，車外雖是一片漆黑，但是隧道內十分明亮，我卻也沒有印象，要去我撞牆的那個村莊，顯然是要下了交流道才

能抵達，我又是為什麼要走到那裡去？而我從旅館出發開到肇事地點，已經過了一個小時，這段時間，我究竟到哪裡去了？過了隧道就是北部了，我因何清醒時是出現在西部的高速公路上？導航顯示是三點整，而我在肇事地點被錄下的時間是一點十五分，而這些時間裡，我都是處在不清楚的狀態下。

　　記得第一回神救我時，我準備在衣櫥裡上吊自殺，服用了十幾顆安眠藥，卻能在兩三個小時內聽見家人叫我，就從衣櫥裡跌跌撞撞走出來，我是有印象的。同一種藥物已服用多年，這次只服用一顆，竟然就讓我三個小時意識不清，實在非常離奇！神兩次出手相救，都有許多超越自然的現象，一次用摺了四摺的帶子作為憑證，一次用撞倒的牆作為憑證（那一條路上，只有那一堵牆）。而那一個讓我轉向另一條道路，沒有開上北宜的轉彎，是我生命中最奇妙的轉彎。我終於想通了，是神用奇妙的方式幫助了我，神的靈（聖靈）穩穩地掌握著方向盤，讓我不失腳、不滑跌。這件事情之後，讓我更加信靠我的神，我的主，且開始思考如何來回報神的救恩。

執著帶不走的財富

在一次禱告中，我求問神，這件事情究竟要啟示我什麼，於是我就做了一個有含意的夢。夢見自己要搬出宿舍（臨時的居所），努力收拾每一樣東西不遺漏什麼，一旦離開就要帶走全部。零零碎碎地收拾了很多，多到自己拿不了，還要別人幫我拿，車子停放在有段距離的地方，行走時物品一再散落，一再忙著撿拾，弄得自己狼狽不堪，卻又深怕遺漏什麼東西，花去許多時間在找尋，因為有太多雜物，讓我舉步艱難。從夢中醒來，發覺那些雜物代表我難以割捨的一切，久了就成了負擔，因為我不願意割捨下任何一個，所以人生難以輕省。其中有些東西，這一輩子不一定能再用上，為了一輩子不一定用得上的東西，那樣極力守護不失喪，真的值得嗎？人生中當有比物質世界更重要更值得去追求的事。

我反覆思考，覺得是神對我人生的提醒。每個富人，即使擁有再多，離世時，都會留下全部。為帶不走的東西勞碌終生，即使狼狽不堪也要維護一切，值得嗎？屬世界的人，做屬世界的事，那麼屬神的人，當以什麼為要呢？這確實是值得深思細究的，而我在經歷這事之後，

有段日子擺脫不了陰影，心裡有些負擔。之後卻像死過一回的人一般，變得不畏懼死亡，也更堅定有主同在所產生的勇氣。我常常在想，主救了我這麼多次，我能為祂做些什麼呢？我想起好友的鼓勵：「我以你為榮，我看見了，經上所說的，在後要在前的見證，神用大能大愛托住你，因神要使你，成為多人的祝福」、「太感謝主了！你真的有夠勇敢，我相信神是信實的，是祂顧念你一切需要，你的性命是神保守，以後要留著給神用」、「相信如此的災難，也有神的美意，祂不會把超過我們所能負荷的給我們！若是神給的提醒，必要成為生命的轉機！神眷顧你，知道你承擔的一切」。

心境的轉彎

在此事發生之後，親友們不忍對我苛責！皆為我感謝神！大能的保守，讓我平安無事！而自己在那個奇妙的轉彎之後，心境上也有了很大的轉彎，我確實沒有太多可浪費的餘生了！思前想後，幾經考慮，我決定將自己的餘生交給神，為主作工。先生出事至今十三年了，十三年來我親力親為守護這個家，現在兩個孩子已完成

學業，且陸續就業了。當初有人勉勵我，辛苦十年，孩子就長大了。如今十三年了，我已是五十五歲的婦人，不知尚有多少餘日，這件事催促我邁開步伐，勇往向前行。

我一直有將自己奇妙的經歷寫下來的習慣，我喜歡閱讀也喜歡文字，每每有些想法，就會用文字記錄下來。文字是我抒發情感的方式，平日寫的隻字片語都會留下保存。自從命撿回來之後，意識到人生並不長久，想做的事就快點做，我開始整理過往寫過的見證，想將這些見證集結成冊，出一本有關見證神的書。

出事之後，我比以前更努力生活。寫呀寫的，終於有了大致的輪廓。寫完之後，看著自己的孩子（生產的作品）心情總是好的，我將草稿給幾位親近的人看過，心中卻仍不免有些疑慮，這本書究竟是出於神要我做的，還是出於我自己？這其中是有差別的，如果是神要我做的事，祂必然成就（事半功倍），如果是出於我要做的，神並沒有責任將其成就（事倍功半），就顯不出應有的果效，所以我不斷求問神，而神也不斷用祂的方式對我說話。

幾年前，有一回拿到一張「天父的信」，卡片中是

這樣寫的：「親愛的孩子：我正在開廣你的心，你正被
勉強去完成一些你認為不必要的訓練，經歷許多衝突的
人，才是通達實務的人，失敗後再站起來的人，更能幫
助別人站起來。我要建立的是一個國度，一個團隊。一
個領袖可以領導一個團隊，一群領袖能領導一個國度，
加入神國度領袖的行列，與我一起改變這個世代。」

　　說實在，當我拿到這張卡片時，便覺得是神在對我
說話，但是不認為自己有能力做這樣的事。所以我把卡
片貼在聖經最後頁的空白處，當作是神對我的勉勵。因
為這在當時，是一點都不可能的事。我肩負著家庭重擔，
先生失智失能，我的兩個孩子學業尚未完成，而我的亞
斯兒正需要我的協助，我是家中不可或缺的角色。

　　在教會裡，參與的服事很少，因為先生需要我的留
意與照顧，他多次骨折住院，是我及時將他送醫救治，
他一旦跌倒是完全無法靠自己的能力起身的。因為活動
力有限，他有嚴重的骨質疏鬆的問題，近些年幾乎是一
跌就斷，因此十分需要協助他的生活起居。他的肢體狀
況不佳，腦外傷至今已十三年了，狀況只會越來越差，
他是一個提早老去的人，實際年齡和身體年齡差異很大。
因此我的陪伴照顧是不可少的，十三年來，我很習慣這

樣的生活模式。而我這樣的景況，沒有誰比神更了解的了。因此拿了這張卡片，心想就當作是一個期許，完全沒有想到這可能是神的呼召。而這個奇妙的轉彎，在我的心裡起了很大的變化。照顧先生十三年了，我不知道自己是否還有另一個十三年？我的生命難道只是為了照顧一個人？幾經考慮，決定為先生申請外傭來照顧他的生活起居，這樣我就能有多餘心力為主作工了。

神的呼召有很多的方式，無論是人為或屬天的各種因素，神都能用來引導我們，使我們知道是神在呼召人為祂做工，這其中必然有祂的用意，而且會安排一切。神是知道人心的神，祂會呼召差遣合適的人在適當的位置上，而且神一定會為我們的需要裝備我們，每個基督徒都能成為基督的宣教士，但是要確認自己明白真理，再投入使命。

來自靈界的攪擾

當心中有這些想法和意念後，身體開始出現了一些問題。年過五十之後，來自於父方和母方的遺傳疾病一一出現了。我自爸爸的家族遺傳了糖尿病，但尚未出

現三多一少的典型症狀，是在驗血檢查時偶然發現的，當醫生告知我有糖尿病，驚訝地無法相信！我的飯後血糖 288（140 以內是正常），糖化血色素 8.8（6 以下是正常），9 以上達到施打胰島素的標準，這個告知，令我十分錯愕！糖尿病和家庭史有關，爸爸的兄弟姊妹七人都有糖尿病，他們的體型都是比較豐腴的身材，我以為體型像媽媽，罹病的機會相對低，而且我對澱粉類和糖類食物並不特別喜愛，平日食量小，胃口並不好，並不是大吃大喝的人，為什麼我會有糖尿病？

經過了解才知道，亞洲人是糖尿病的好發族群，其中有些人體型偏瘦，這是因為遺傳了缺陷基因，代謝糖和澱粉的能力出了問題，血液泡在糖水中，血糖自然高，因此必須在飲食（食物攝取）、運動、藥品方面三管齊下，才能有效控制。另外，我自媽媽那方遺傳了高膽固醇，目前已證實八成來自遺傳，二成來自飲食，這些都和新陳代謝有關，需服藥控制。現代人的三高問題（血壓高、血糖高、血脂高）和血液疾病息息相關，血糖高的併發症更是不少，輕忽不得。

所幸我的血壓不高，而且偏低，但其實血壓太高太低都會造成一些問題，我長期受姿勢性低血壓所擾，經

常在起身時有頭暈目眩的情形，血壓是屬血液循環上的疾病，往往和心臟疾病有關。我的體型和媽媽相似，遺傳自她的部分也比較多，因為眼壓高造成的青光眼，因為有糖尿病必須定期追蹤，擔心有視神經病變的問題。我和媽媽都是腸胃機能較差的人，易有胃酸過多和拉肚子的情況，因此體型偏瘦弱。

媽媽在更年期發生嚴重的憂鬱症，但其實她的強迫症在更早期就已經出現了。而我的憂鬱症出現的比媽媽更早，我的焦慮症是血清素缺乏造成的，需要服藥補充。媽媽有心肺衰竭的問題，我也有心律不整的問題，媽媽有的問題，我一樣不少，且還加碼了中度呼吸中止症。

自從開始寫見證後，原有的身體狀況更加困擾我了。後來還造成大量掉髮，短短時間內，頭皮上出現圓形小禿塊，俗稱鬼剃頭的圓形禿是壓力造成的掉髮，每回梳頭一把一把掉，洗頭也一把一把掉，沒有多久，頭上大大小小已有十幾處禿塊，因為掉髮嚴重，滿頭打了頭皮針，加上口服藥和塗抹頭皮的外用藥，那段日子，深深為掉髮所苦。

在朋友的建議下開始接受中醫的治療，因為當時實在吃了太多西藥，難免感到憂心。中醫師問診時，發現

我有這麼多的病症，問我要先治療哪幾種，這才恍然大悟，自己年紀不算大，問題卻不少！還有那段日子健忘到離譜，出去旅行，手機、平板忘在旅館裡是常有的事。先後被寄回幾次，那時我常開玩笑說，看見我的腦袋忘在哪了，記得幫我寄回來。我確實為自己的狀況感到憂心，想起七十歲時罹患阿茲海默症（失智症）的媽媽，不免擔憂起自己會不會是準候選人？

六隻小雞的異夢

信主之後，我的性格改變很大，每天睡前把所有憂慮交卸給神，就安心睡覺了，有這麼多的問題我也很不解。在書寫見證的這段日子裡，伴隨諸多疾病圍繞著我，因此常在禱告中求主保守身體的健康。有一回向神禱告：「主啊！我的心靈已經健康了，為什麼我的身體卻健康不起來呢？」結果我夢見有一群小雞向我衝過來，其中有六隻小雞，一直跟著我，怎麼甩也甩不掉，我不管怎麼躲藏，都能找到我，我很苦惱，這六隻煩人的小雞，不管我走到哪牠們就跟到哪。當我走過藝品店，看見一位小姐在整理盒子，其中有一隻小雞被關在原本裝馬克

杯的盒子裡，當作被販賣的商品，我原本不忍心，想去放走牠，又忽然想起，我不是正想要擺脫牠們嗎，於是就走開了。

我把這個有趣的夢告訴朋友，大家開始猜測那六隻小雞指的是什麼，而我希望那一隻被關起來的小雞，名字叫做「疾病」。「主啊！求祢把緊跟著我的疾病關起來，沒有主的允許，誰也不能放它出來！」真希望主把所有攪擾我的，全部捆綁除去。當一個人有意願為主作工，屬靈的爭戰就開始了。因為魔鬼寧可我們做任何事，也不要我們與人分享信仰，做什麼都好，只要不引領人相信主！

之前幾次參與短期宣教的服事，每每成團要出發前，團員就會有一連串的事情發生，不是本人身體出狀況，就是家人有狀況，總是受到一些莫名的攪擾，直到臨行前一刻！是很明顯的屬靈爭戰，魔鬼不樂見我們做這些事，總會想方設法阻攔，甚至讓我們心生恐懼，若非有堅定的信心，就難以達成任務。而我隱約覺得我身體的各種狀況，似乎和此有關，經過近一年的時間，書完成了。身體狀況竟也轉好了，頭髮重新長了出來，視力追蹤檢查結果，竟比之前要好，現在睡眠狀況改善了，即

使外宿也不太需要服用安眠藥物，健忘的情況也有了改善，目前只需服用抗憂鬱及穩定血糖的藥物。而這一切實在恢復的好神奇，想來神已經把雞全關起來了！

神呼召人為祂傳福音，勢必面對屬靈爭戰，這是很大的信心考驗。務必尋求神的幫助，祂絕對不會讓我們孤身面對這一切的。神會處處顯示祂的同在，要我不要懼怕也不要驚惶，當剛強壯膽，因為神的靈一直與我同在，且是幫助我的。神要我善用經歷：家庭經歷、屬靈經歷、事奉經歷、痛苦經歷。神不會讓我白白受苦，祂要使用我們經歷，尤其是傷痛的經歷，藉由分享來幫助人。神保守我的一切，祂掌管我的每一個明天，即使在各種的經歷中都能看見神的美意！

第 5 篇

抓住神的應許

神的應許既然是普遍給蒙恩的基督徒，要讓應許不落空的方式，唯有回應神的應許。有許多年，教會在新年時，會發給大家應許紅包，每個人憑信心領受。「得勝」、「明亮的眼」、「才能」、「敬畏神」、「服事」、「基督的心」、「自由的靈」，這是許多年所領受的應許紅包。神的應許總讓我啞口無言，神竟是如此深知我心的神。應許說得如此準確，如何叫人不信呢？我們的一切神都知道，祂是辨明是非善惡的神，祂喜愛祂的孩子做對的事，在對的事上堅持。

神的應許

「應許」在聖經中出現了 201 次，意思是答應、應允或承諾。「**神的應許，不論多少，在基督都是是的。所以藉著他也都是實在的，叫神因我們得榮耀。**」（哥林多後書一章 20 節）神一切的應許，藉著主耶穌臨到我們，都是實實在在的，可惜許多人不知道或不懂得抓住神的應許，向神支取恩典。神的應許和恩典是身為基督徒的兩大福利，舊約時代，神就給了猶太人許許多多的應許，新約時代，神同樣也給了外邦人。「**這奧祕就是外邦人在基督耶穌裡，藉著福音，得以同為後嗣，同為一體，同蒙應許。**」（以弗所書三章 6 節）

神的應許既然是普遍給蒙恩的基督徒，要讓應許不落空的方式，唯有回應神的應許。有許多年，教會在新年時，會發給大家應許紅包，每個人憑信心領受。神的應許往往透過神的話語，讓人知道神對祂所愛的人說些什麼。「**求他按著他豐盛的榮耀，藉著他的靈，叫你們心裡的力量剛強起來，使基督因你們的信，住在你們心裡，叫你們的愛心有根有基。**」（以弗所書三章 16-17 節）應許有時是信心的大考驗，每年大家拿到應許紅包，牧

師都會問大家，去年的應許實現了沒有。應許往往需要付出行的代價才會蒙應允。恩典是白白得來的，應許是要付上行為的代價。

神的律是：「多給誰，就向誰多取，多託誰，就向誰多要。」人生是考驗和信託，神給你越多，祂也期望你負更大的責任。既然求應許，就當憑著信心行，雖然信心是不容易的功課，即使是在耶穌身邊的使徒不免有信心不足的時候，耶穌稱之為小信的人！現今的世代，若沒有神同在的確據，很多人都會在信心上跌倒。

神所預備的道路

我的第二個應許紅包是「明亮的眼」，一開始拿到時，心裡很納悶，並不了解其中的含意，神深知我的需要，祂的應許在那一年，給了我很重要的提醒。

那一年偶然加入管理委員會擔任委員，卻逐漸發現委員會並不似表面的平靜，當時的主委是一位七十多歲的老先生，和另一位也是七十多歲的老先生一搭一唱，說是和後山地主很熟，建議和地主及建商合作，使用建商的回饋金，建設老舊公共設施。問題是開發後山要使

用山莊既有道路，且從山頂開始往下挖，萬一挖掘過程造成土石流，首先遭殃的就是我們位於下方的住戶，如此不顧住戶安全，是因為後山開發利益龐大，主委一再表示他有能力斡旋，一定能為社區福祉談到好條件。

身為一個委員，實在無法眼見他這樣矇騙住戶。他說要在社區內成立一個發展協會，取代管委會的功能，理事長一任四年，連任八年，說是成立協會，就能透過協會買賣社區土地，用來建設社區。他的野心不小，主委連任只能擔任兩年，他認為完成不了大業，所以要成立協會，可以連任八年。我們另有一群委員，覺得這樣作法不妥，且詢問過許多單位皆回覆不可能，社區管委會只有管理社區事務的功能，不可能會中有會。但是能言善道的他，確實說動了一些委員，站在他那一方，支持他的作法。

從此幾年間，社區紛紛擾擾，社區當初因為幾度的易手，社區並沒合法點交，以至於有許多土地甚至還在建商個人名下，但是建設公司早已倒閉，造成許多產權不清的情況。建商為了逼住戶就範，買走了供水的蓄水池，我們面臨了斷水斷電的危機。當時出面和建商斡旋的，正是這位主委。原來是他們合演的一齣戲，建商說

購買之後，願意提供住戶無償使用，條件是道路要提供給後山開發時使用。黃鼠狼給雞拜年，當不會安什麼好心眼。在不得已的情況下，只能另尋他處施作加壓工程，解決燃眉之急。因為距離原蓄水池斷水斷電的日期十分緊迫，因此火速投標施工。一位熱心非常的委員，他的朋友拿下標單，提油來救的，往往是來趁火打劫的，而他也大言不慚地拿了監工費，絲毫不在意他人的議論，為了此事我們幾個有參與決策的委員，被那位主委告上法院。

　　管委會後來分裂成兩個管委會，舊主委不願下來，新主委無法上任，幾經和主管機關文書往返後，確認前主委因蓄水池事件已遭住戶罷免，不能再行使任何職權，但這也是一場無妄之災的開始，這位前主委絲毫不罷休，開始提起很多件刑事訴訟，而我們也無奈地陪他奔走法院，因為我們是被告，不能不到庭。他總是有本事能羅織各種罪狀，反正告刑事又不花錢。每隔一段時間，就會被警察找去製作筆錄，但是不用擔心，一件都不會成立，因為他根本是濫訴。我並不想將人生浪費在這些無聊的事上，很多人建議反告他誣告。但身為基督徒，並不想這樣做。「**親愛的弟兄，不要自己伸冤，寧可讓步，**

聽憑主怒，因為經上記著，主說：『伸冤在我，我必報應。』」（羅馬書十二章 19 節）

很多事情積非成是，謊言說多了，竟然就有人信了。那段日子，社區除了少數人，大多數人根本不知道在鬧什麼，自己的居住安全受到威脅都不自知！為了讓更多人知道事情的嚴重性，必須有人挺身而出，揭發這些行為。否則我何苦為自己的人生，找來如此多的麻煩。因為利益龐大，那股結合的勢力不會輕易罷手，因此事情也持續了幾年。

那段日子，承受不少人身攻擊。因為背後的勢力涉及建商，而建商分子複雜，友人曾為我的安危擔憂，衝著我而來的黑函也滿天飛，說我居心不良才介入社區事務。我是對方極力想搬開的大石頭，擋人財路的後果，是名譽受損，安全受威脅。能夠在其中堅持三、四年的時間，是神在背後給我力量，勉勵我持續下去。打了幾年的筆仗，社區訊息的傳達，依靠一張張的說明文件，兩方你來我往，有時也令人十分疲累。

又一年的應許紅包是「才能」：「我祝福你清楚看見神所賜給你的才能，在神賜你的工作崗位上，勝任愉快。願你看出自己是個充滿潛力的人。聖靈隨時願意幫

助你，使你能發揮自己的恩賜。所以只管求助於祂！願聖靈的恩賜和果子在你身上顯明。叫他人得幫助。我祝福你，願神的恩膏多多加給你，好叫神在你一生中的計畫得以成就。」

　　神的話語是我願意繼續守護的主因。因為社區居住型態的關係，消息的布達依賴文字函件，透過住戶信箱來傳達。委員會議畢竟只有少數委員參與，消息需布達給大家，我是在文字處理上可以發揮功能的人。當兩方你來我往之間，我若退卻，對方就可能得逞，這是我必須堅守崗位的主因。

　　信主之後，我知道人的話不一定要聽，而神的話是一定要聽的，因為神是會負全責的神。因著神的話語，我不再在意人的眼光，只在意神的旨意，因為我早已將自己交給主來掌管，而不再倚靠自己的聰明，因為神的判斷永遠比我正確，而祂正掌管一切。在很多事情上都能看見神的作為，我知道神是站在我們這一方的。住戶事務的決議，倚靠定期舉行的區分所有權人會議，因逢多事之秋，一年中開會多次，且劍拔弩張到需要警察來站崗維持秩序，因為常有人來鬧場。每次召開會議，都會在異夢中事前知道結果如何。因為在諸多的事件中，

神總讓我們一關又一關挺過來。

又一年的應許紅包是「敬畏神」：「我祝福你全心敬畏神，尊崇主為大。你必因遵守主道而歡喜。你必不懼怕人，無論老少，及他們反對你的話語及行為。只要你敬畏神和順服祂的話，環境必不能使你動搖。我祝福你，願你以高度的警覺性，恨惡神所恨惡的事：高傲的心，撒謊的舌，無節制的口，和圖謀惡計的心。祂的旌旗必在你以上，因你認識祂是真理和公義的神。」

應許說得如此準確，如何叫人不信呢？我們的一切神都知道，祂是辨明是非善惡的神，祂喜愛祂的孩子做對的事，在對的事上堅持。官司一直持續中，了結了一件，很快又有一件，一堆的不起訴處分書，真是令人哭笑不得，雖然有很多住戶感謝我的堅持和勇氣，很多熟識的朋友，知道我深陷在這諸多的是非風暴中，既驚訝又心疼地難以言狀。事實上，我也只是一個普通人，對於不實的指控、人身攻擊，誰不生氣？上不完的法院、出不完的庭，誰不心煩？他所告的案子每一件都不會成立，他以為用提告的方式可以嚇退一位弱女子。當初不願同流合污，不在利益面前妥協，堅持只維護大家的利益，這些事情是必然的事！想盡辦法逼退我，不再壞他

的事，卻一直無法得逞，儘管每回檢察官都斥責他亂告，浪費社會資源，他仍一告再告，反正每年度的檢察官又不同一人，能奈他何？

直到最後因為一位有正義感的檢察官，發現他濫訴嚴重，其中必有玄機，為了終結我們的案子，他堅持傳喚後山地主和建商到庭作證，證明前主委所言不虛，他說他們不出庭就不結案，經過多次傳喚，檢察官揚言要拘提證人到案。後來前主委終於坦言：「他們說，叫我不要再搞了！」

多年官司終於全部落幕，而我們保住後山不被開發，保住居住安全。更看見神得勝的旌旗，祂是真理和公義的神！如同祂在應許上的預告！哈利路亞！這一路走來，慶幸自己是個遵行主道的基督徒。對於神的信心，源自於一次又一次的事件所累積下來的，使徒是小信的人，我們同樣是小信的人。但是小信心能夠累積成大信心。我習慣將一時也解決不了的煩心事交給主。即使當天再氣憤，也會在晚上禱告交給主之後，明天又是新的一天。「**所以，不要為明天憂慮，因為明天自有明天的憂慮。一天的難處一天當就夠了。**」（馬太福音六章34節）為明日憂慮確實是多餘的，因為會發生的事仍然會

發生，而不會發生的事，仍舊不會發生，所以憂慮也無用啊！我能全然交託源自對主的信心，信心就是信任的行動，將自己交在基督手裡。信心有多大，主的保守就有多大。這也是我花了很多年才領悟出來的。

　　事實上，我們每天都將自己交在另一個人的手中，在日常生活中，不論是搭飛機，坐公車或接受外科手術，哪一樣不是掌握在他人手中，然而神豈不是更值得信賴？人會出錯，但神不會。我相信神和祂的應許，身為神的兒女，即使是生命中許多不愉快不順利的經驗，都能幫助我們成為聖潔，而聖潔是得救的確據，聖潔是讓我們明白我們可以不犯罪，而在神的同在下，聖靈會提醒我們，不落入罪的圈套。

柬埔寨短宣之行

　　社區的問題告一個段落之後，恢復了原本平靜的生活。在新的一年裡，應許紅包是「服事」：「我祝福你，願神成就在你身上的計畫，祝福你的工作和服事。神已按著祂的旨意恩膏你，好成就祂所交付你的工作。祂曾說你們要去結果子。所以，興起，發光罷！讓祂的光和

榮耀臨到你。尋求祂清楚的指引，知道該怎樣預備自己
（包括方法、時間、地點），接受祂所預備的工作和服事，
成就祂在創世前的計畫。」

說實在的，拿到這張應許，令我不知所措，是的，
我在服事的事工上，是很少參與的，以前我是有許多身
不由己的理由。這回是真的考慮加入服事的行列，所以
參與了短期宣教的活動，有了第一次的短宣之行。這對
我來說是一個生命的突破，在以前，因為先生的緣故，
總以為我的一生只能困在家庭裡了。跨出去需要信心和
勇氣。只要能夠跨越身處的小小世界，就能領略世界大
大的不同，我在神的愛中，領受了滿滿的恩典，領受和
給予是一種良性循環，而我支取的來源乃是來自神，為
要給那需要的人。

柬埔寨短宣之行雖然只有短短的一週時間，但是一
群人為著同一個信念，同一個目標，同心合一地努力著，
是多麼美好的一件事。這其中我們經歷了神的同在，以
及神所賜的滿滿恩典。在行前訓練時，我們被告知，有
許多的神蹟奇事會在這段時間顯現，「不只風聞有神，
而且會親眼見到神。」我們懷著滿心的期待，想目睹這
一切。

　　柬埔寨的基礎建設差，灌溉方式除了仰賴降雨，沒有其他方法。每年 6 至 11 月是雨季，一年一穫的收成就靠這幾個月份，他們的耕作是典型的靠天吃飯，天沒下雨就無法插秧，天沒下雨，秧苗就等著枯死。當我們和宣教士一起進行探訪時，居民告訴我們，今年的雨水少，兩個多月來，沒下幾場大雨，還有很多田地無法插秧。在行走禱告時，看著缺水的乾旱土地，感覺這片土地需要更多神的祝福臨到。

　　晚上的佈道會上，我們迫切的為祈求下雨禱告，所有在場的人，都同心合一地為祈求下雨禱告。隔天早上進行青少年事奉，原定下午四點半結束，卻不知因何加快了節奏，在下午四點整就提前結束了，大家手牽手作結束禱告，並為祈求下雨迫切禱告。當活動最後為眾人拍完紀念照，頓時飛沙走石，狂風大作，接著下起傾盆大雨。哈利路亞！我從未因降雨而如此雀躍！主聽見了禱告，也應允了禱告，神是如此信實。因為這一場大雨，讓我們有機會參與插秧的工作。這是件很新鮮的差事，我這輩子尚未做過田裡的活，因此只負責將秧苗從育苗的地方移到耕作的地方，插秧畢竟是需要技術的，我們的團員中，有人有過經驗就做得十分地好。幾個小時下

來，腰酸背痛，快直不起身來，農人的辛苦，終於是體會了。

柬埔寨普遍信奉佛教（屬於小乘佛教）是多神信仰的地區。昨晚祈雨，今天就降下大雨，當地居民對我們說：「你們的神很靈吧！」我們藉此機會介紹主耶穌基督是值得信靠的，祂要拯救所有的人，耶穌愛我們，也愛你們，希望你們也同蒙福音的好處。

柬埔寨的鄉下，除了種田，缺乏其他工作機會，男人聚在一起就是賭博，家務是女人的事，遊手好閒的男人很多。小孩子光著身子赤著腳在田間跑來跑去，我們走在路上，一邊撿起顯然是施作工程拔下來的長鐵釘，彎曲的形狀，稍有不慎就容易被刺傷。他們隨手亂丟東西的習慣十分普遍，我們在舉辦活動前，要先把這些危險的物品撿拾一遍，才開始進行活動，孩子們幾乎都不穿鞋，就生活在這種環境裡，實在危險。

活動中也教導他們潔牙，不管大人小孩，他們甚至沒有見過牙刷牙膏，這並不是他們生活的必需品，當我們示範並教導他們如何潔牙，並將募來的牙刷牙膏組送給他們，大人和小孩都露出了笑容，他們的笑容很令人難忘，這是居住在城市裡的人，很少能見到的，因為一

點小滿足，就感到滿意的單純笑容。

我們在探訪的過程中，發現有個受傷的老人，蒼蠅在他的身邊飛來飛去，而他也只是無奈的用手揮一揮，趕走停留在傷口上的蒼蠅，老人的傷口已經腐爛發臭了。據宣教士說，有些人放任傷口腐爛生蛆也是常有的事，鄉下醫療資源缺乏，沒錢就醫才是重點。他們的生死觀很簡單，天要把人的命收回去，人就走了。在輪迴的觀念裡，他們期待更好的來生，只有重新投胎，生命才有改變的機會，反正早死就早投胎，柬埔寨人的平均壽命只有五十幾歲，窮人和富人之間的界線十分清楚。在翻身無望的情況下，鄉下人普遍過著消極、得過且過的生活。畢竟在溫飽也不容易的地方，很多事情都成了奢求。

我們有準備了一些醫療用品，教導老人和其他年輕人如何清洗傷口，如何使用藥物，並留下藥物讓其更換。看見這片土地上的人們如此生活著，只有求神憐憫他們，救恩快些臨到他們身上，這是一個極需被神翻轉的地方。

我們結束在鄉下的行程，來到城市。探訪因工作需要居住在工作附近的居民。他們大都是工廠的作業員，為了謀求生計，從鄉下來到城市，在僅有兩坪大的小空間裡住著一家人。簡陋的生活空間，主要是一個小通鋪，

有各式各樣的功能，放上小桌子就是吃飯的地方，屋外用來貯存雨水的大水缸旁，就是他們梳洗的地方，因為沒有任何遮蔽，所以女人洗澡用兩件沙龍就完成洗澡程序，身上穿著沙龍洗澡，洗完再套上乾淨的。我們在鄉下時也入境隨俗，學習用兩件沙龍完成洗澡程序。他們依靠兩只大水缸飲用、漱洗，大多數人缺乏常識，不知道水要經過煮沸才能飲用，他們常直接飲用生水，因此經常生病，對於環境的清潔也不注重，住家門前的排水溝，裡頭什麼都有，卻無人清理。

　　垃圾只要有一包丟在某個地方，那個地方很快便成為一堆，垃圾車即使在城市裡，也不是定期定點收取垃圾，因此東一堆垃圾，西一堆垃圾，整個城市的環境非常髒亂。有垃圾的地方就有蒼蠅聚集，衛生條件影響人的身體健康，但是卻無人聞問。我們在鄉下吃飯時，需要邊吃邊趕蒼蠅。而在城市裡，經常無預警停電，沒有人知道何時會復電。馬路上行走的，除了車子還有牛群，沒有紅綠燈，也沒有中央的分隔線，混亂中走成幾排都無所謂，只要不撞上就好。

　　我們在工廠區探訪的對象是作業員的家庭，四十多歲的母親，二十多歲的女兒，孫女四歲大了。她們普遍

早婚，因為壽命不長。母親述說一家人深受疾病所苦，她和先生、兒子、女兒都生病了，賺的錢不夠付醫藥費。我們坐在他們僅有的床上聊天，這時她的女兒伸出腳掌來，說她的腳掌已經腫脹五天了。我伸手去碰觸她的腳掌，想了解一下狀況，沒想到她竟痛得叫出來，她說就是這個地方痛。我被嚇了一大跳，以為闖了什麼禍。隨後我們透過宣教士的翻譯，互相分享生活經驗，一起唱起柬語版的《在耶穌裡我們是一家人》並向他們分享了發生在我們身上的真實見證。

離開前，我們為他們一家人禱告，在徵求女兒的同意下，我為女兒的腳腫痛禱告，當我的手按在她的腳掌患部，奉耶穌的名讓患部腫脹退去，並且不再疼痛。沒想到禱告結束後，女兒竟說她的腳掌不痛了，大家都去摸她的腳掌，再也沒有痛得哇哇叫。主藉著我的手醫治了她。在場的每一個人都感到神奇。之後，她的母親也要求我為她作醫治的禱告，禱告完，她也說好多了。當我們在他們家門前準備拍照留念時，小孫女也來了，說她的手指痛，要我為她禱告。這是一個非常奇妙的經驗，神讓我看見祂的同在，我們一起完成了一件事。神醫治的大能，我親自經歷了。

　　我的禱告一向是悟性和方言並用，悟性的部分我知道自己說了什麼，方言的部分就不知道了。這件事相當奇妙，如果我沒有去碰觸她的腳掌，根本不知道她的腳掌會疼痛，而主讓我們親眼見到祂神奇的作為，我們的主是又真又活的神，有主同在，沒有不可能的事，在主凡事都能。跨出第一步就有第二步，之後又參加了幾次短宣，每次都有不同的看見。

回應神的應許

　　當我起心動念書寫見證，雖然是抱著為主作工，為福音工作盡一份心力的想法，但是說起來容易做起來難，口述見證，說說就過去了，文字的見證，要傳達的方式和對象，一直讓我舉棋不定，我不斷地求問神，這真是祢要我做的事嗎？如果不是出於神的旨意，我並沒有必要去做這樣的事啊！就在今年，我的應許紅包為「基督的心」：「我祝福你以基督的心為心。你必有清晰的頭腦，能作公平的判斷。願你今天以智慧在世上榮耀神。願你的心充滿神的話，常常讚美神。我祝福你有智慧和聰明的靈，並知識的靈。因著你的思想方式，今天你必蒙福。

因你的智慧超過實際的年齡，你的老師必稱讚你。」

拿到這張應許，真是不能置信！神竟是如此對我說話，心想這真是給我的嗎？第二天我又去參與領取應許紅包，原本我想從靠近我的同工她的托盤上拿取一個應許紅包，她卻往旁邊去了。另一位同工馬上補了上來，我就從他的托盤上拿取一個應許紅包，是「自由的靈」：「我祝福你超越壓力和世俗的掛慮、沮喪、挫折和對環境的緊張不安，這些都已永遠被咒詛了。你必以平安的心，面對人生中的大小事情。你心中的喜樂，必驅走一切消極的情緒。因著遵守主的道和驅除憂慮，你必能榮耀祂。凡事藉著祈求、禱告和感謝，將所要的告訴神。祝福你的心靈完全不受憂慮影響。」

神的應許讓我啞口無言，神竟是如此深知我心的神。連我的每一個憂慮祂都知道，並用祂的話語來啟示我，可以更多地仰賴祂。連續兩張應許，神已說明了祂的心意。在未來的日子，我願意按著神的旨意而行，我相信若是神要我去做的，祂必然會引導我，指教我，並裝備我，就放心地把自己交給神，與神同行。我購買了大衛‧鮑森一系列的書籍，之前我按照他在 GOOD TV 的講道，把聖經徹底讀了一遍，收獲頗多，我喜愛閱讀、劃重點、製作

筆記、抄錄金句和令人省思的話語，這是我的興趣，樂在其中。

　　從書籍中，讓我對基督信仰有了進一步的認識，花了很多時間消化這些書籍，並開始大幅修改原先偏重個人見證的部分，原本書名取叫《經歷神》，但總覺得個人見證較主觀，總缺少些什麼來增強證據力。自從決定一切交給神來帶領，就特別留意傾聽神的聲音，我從一本名為《如何聆聽神的聲音》的書籍學習如何聆聽神的聲音，知道祂用各種方式對我們說話。神是說話的神，神的話語是歷歷可證的，每天早上，神對我說話，意念不斷進來，我需要不斷反覆起身抄下來，直到神說完後就停止了。神經常回應我前一個晚上的禱告。所以清醒時，習慣不急著起床，先感覺看看神有什麼話語給我，而我也思考了一段時間才起床。以前常聽一些基督徒會說，神對他們說話，我也很好奇神是怎樣說話的。而現在我可以分辨哪些話語是來自神的，因為人講不出神話來，唯有神才能說出神的話。

　　神通常會透過我們自己的內在聲音對我們說話，也許我們以為我們是在對自己說話，但是神放在我們靈裡的話語，總是充滿著我們不可能自己得到的智慧。例如

一天早上醒來，忽然有「絕對值」這樣的語詞閃現，我起身把它記下來，當時我不明白是什麼意思，直到寫作的時候才了解，神的「絕對值」是大有含意的，我知道絕對值的符號「｜｜」，但這和寫的內容有何相干呢？仔細一想，原來數學的絕對值就是神的律。坐標上「0」的距離就是神和我們的距離，只要願意接受神的絕對值「｜｜」，被其包含在內，不管我們原來是多大的負數，都變成正的了。我們或許走錯了方向，但是神的絕對值可以將我們的生命導正。而這正是神的話，針對我們的感知對我們說話，神和我們溝通，必須在靈裡與祂溝通。

　　神透過良知（我們對是非對錯的基本認知）、直覺（一種難以言喻的洞察力）來溝通，祂對我們的內心說話，我們的靈可以感知以理性無法證明的事。當我再度大幅修改內容，書名已經從《經歷神》變成《經歷生命的奇蹟：一個基督徒的信仰見證》，書名是神取的，每個單元的標題也是來自神，很奇妙吧！神只是藉由我來完成祂要成就的事，應許紅包的事件讓我明白，只有兩個選擇，我該抓住應許或是放掉應許，只要回應應許，應許永不落空。得勝、明亮的眼、才能、敬畏神、服事、基督的心、自由的靈，這再再提醒了我，神是在的，而且真真實實的存在我的心中。

第 6 篇

神的呼召與使命

呼召是從神而來，領受從神而來的呼召，就是人生的召命，是
人生存在的意義與價值所在。呼召的主權在神，祂揀選、祂指
派、祂問責，我們是按著神的呼召來履行神給予的使命，呼召
是神的揀選，祂按照每個人在祂心目中的「獨特」，委派不
同的角色，發揮影響力。神既揀選並給予獨特使命，神也會問
責，所以當認定是神呼召時，便是盡心、盡意、盡力去做，在
神面前盡忠職守。

雲南探訪之行

那年將赴雲南探訪前，波折不斷，日期定下之後，成員們都全力準備著。而我先是父親去世，後是身體出了狀況。父親突然離世，帶給我很大的傷痛，我不知失去至親是這樣心痛的事，經常淚如雨下。比起妹妹們做事有條有理，我顯然軟弱很多。為了保持心靈平靜，開始以抄寫詩歌的方式來平復心情。除了從詩歌的歌詞中得到安慰，抄寫時需要專注，比較無暇去想太多傷心的事，就這樣我抄寫了一冊一百五十首的詩歌本，帶著去探訪。

以前幾次出去，家人都是全力支持的，但是這次大家對我的身體狀況有擔憂。當心臟科醫生問我是否一定要去時，我的信心確實受到考驗，因為雲南屬高海拔地區，標高超過二千五百公尺以上的地區不少，對於心肺功能較差的人，確實是個挑戰。但是團隊的任務都已分配好了，這回我負責醫護的部分，一個團隊是互為肢體的，少了一個肢體會影響團隊的運作，而且所有工作我們已經都各自選定，大家各司其職，一個都不能少啊！

我是負責醫護工作的，所以準備了許許多多的藥物，

以確保每一個人的健康，平安健康是最重要的事。因為
父親離世之後，情緒受到較大影響，睡眠狀況不佳，因
此身體狀況較多，因為我平日是姿勢性低血壓患者，醫
生開給我升壓劑以備不時之需。行前訓練時，得知高海
拔環境下，有些人會出現高山症，因此我也特別準備了
一些藥物以應不時之需。結果最先需要吃的人是我，原
本的低血壓隨著海拔升高不斷飆升，平常舒張壓（高的）
不到一百，八十幾也是常有的事，竟然飆到一百七十，
身體開始出現不適的現象，需隨時留意，情況不對就要
往下送，高度降低對血壓下降有幫助。所幸蒙神保守，
我沒有被送下山，仍和大家如期地完成任務。

　　山上缺乏水源，幾日未能洗澡，只用簡單清潔方式
淨身。因而發生了尿道炎的現象，所幸有團員準備了藥
物，原是為她自己準備的，卻是用在我的身上，感謝主，
我總能得到及時的幫助。

　　山上的主內弟兄姊妹十分熱情，他們都很喜愛唱歌，
也很希望和我們多分享一些在基督裡的生命見證，以及
信仰的真理。他們雖然識字不多，但是十分渴慕聖經的
真理。純淨的環境，單純的人生，他們必須靠勞力所得，
來換取一家溫飽，在山上一切自足自給，凡事靠自己的

一雙手。他們的收入不多，生活貧窮，心靈卻是富足的。他們真純良善，靠著互相幫助在這山裡生活，有些人甚至終生沒有出過這座山，但是他們卻是登山寶訓中最接近神的一群人。「虛心的人有福了，因為天國是他們的！哀慟的人有福了，因為他們必得安慰！溫柔的人有福了，因為他們必承受地土！飢渴慕義的人有福了，因為他們必得飽足！憐恤人的有福了，因為他們必蒙憐恤！清心的人有福了，因為他們必得見神！使人和睦的人有福了，因為他們必稱為神的兒子！為義受逼迫的人有福了，因為天國是他們的！」（馬太福音五章 3-10 節）

試煉與試探

住在城市裡的我們雖然樣樣都有，但是試探誘惑也很多，表面上看起來生活富足，在心靈裡卻是貧窮的，人心遇到誘惑就會生出許多詭詐來，心裡就不再清潔純淨了，因此要花很多力氣去對抗各式各樣的引誘，耶穌曾感嘆富人難進天國，因為一個人生活安逸富足，他們會相信自己很行，不需要依靠神。因此富人遇到的試探比較多，而窮人遇到的試煉比較多。

　　試煉是外來的環境，試探則是內心的考驗，富人或許可以使用金錢避去試煉的考驗，但是內心的試探其實更難對付。富人比窮人更難信主追隨主，因為他們要割捨，撇下的較多，他們倚靠錢財的時候比起倚靠神來得多。窮人因何比較容易進天國？因為他們比較容易信靠神，兩手空空來到主面前，說：「主啊，我來向祢乞討，求祢憐憫我。」耶穌因此受到窮苦人的熱烈追隨，因為窮人比富人更容易放下自尊，以及心裡的驕傲，全心全意跟隨主。

　　城市和鄉村是有頗大的差異存在，一方水土養一方人，習慣了城市裡便利的生活方式，對於不便利的生活，是有些不適應。但是入境隨俗，且他們非常好客，待人殷勤熱心，很令人感動！村子裡大多是老人和小孩，孩子們見到村子裡有訪客，很熱情地跑來和我們打招呼，和我們談天說地。他們知道我們是從城市來的，不停地問東問西，幾天的探訪，我們逐漸熟悉。

　　孩子們笑容滿面，生性單純，又沒有去過太遠的地方，他們覺得在山裡自由自在地玩耍就是最快樂的事。曾為老師的我，看見這樣的景況不免有些擔心。在和一些較大的孩子交談中發現，離開山上到外地工作後，他

們有著很深的自卑感，因為讀寫能力有限，語言溝通表達受限，在面對外地人時，經常不知如何開口，因為語彙的限制，也較難完整表達自己的思想和感覺，因此對於即將到外地工作，感到十分地茫然。

他們很喜愛唱歌也有天生的好歌喉，為了鼓勵他們動筆寫字，我忽然想起自己手抄的詩歌本，問他們想不想自己也抄一本。他們很開心這樣的提議，我就找人去買了筆和筆記本，送給他們每人一本筆記本抄寫。隔兩天，他們帶著手抄的本子來找我，興奮地說：「老師，我們要唱給你聽！」他們那天籟般的嗓音，令人無比難忘！我鼓勵他們繼續寫下去，有興趣的事情做起來會比較有動機。我是想藉著抄歌本，使他們多加練習書寫並記住文字，對文字的認識及讀寫會有幫助的。

大孩子們喜歡來找我們聊天，而小一些的孩子也會挨近我，對我說：「老師，我也想要上學。」他十歲大了，也想上學讀書、識字、寫字，但是他沒有戶口，在鄉村的人，收入不多，很多家庭付不出費用，孩子只能一直當黑戶，不得就學，以後就業也有困難。因此我們為要資助他們而來，我們參與的「兒童救助基金會」正是尋找這些需要幫助的人。在探訪中，我發現有一個女孩，

就要升上六年級了，從同伴口中知道，她的左邊耳朵從小一就開始流出髒水，同伴近距離叫她也聽不見，基金會將安排協助她就醫。耶穌看顧窮乏的人，即使渴了、餓了，只要到祂這裡來，必得飽足。

大家正閒聊著，忽然有人大聲叫我：「老師！老師！有人受傷了！」我急忙帶著急救包就跟著跑，下過雨的泥濘地不好走，泥土地上坑坑疤疤的，因為太心急，跌倒手著地，觸碰了俗稱「咬人貓」的有毒植物，馬上腫痛難忍，但是我還是先去看了受傷的孩子。

一個三歲大的小男孩騎三輪車跌倒了，額頭上有一個大傷口不斷流出血來，稍微為他清理一下，發現傷口太大，不縫不行了，因此緊急包紮之後，就由家人騎著機車載送就醫了。就在此時，大家關心起我被咬人貓咬傷的傷口，這裡遍地都有咬人貓，打從進入這山裡，大家就互相告誡要小心咬人貓，因為觸摸到皮膚會紅、腫、痛，傷口發熱，十分難受，果然才一下子，就腫得好大了。孩子們關心地圍了上來，察看我的傷口，他們去幫我找偏方，把一種植物搗碎擠出汁液，敷在手指上，他們安慰我：「痛個一天就會好了，這個很有效，我們經常被咬，都是用這個治好的。」

孩子們不時來關心我的傷口，幫我更換新的敷料，希望我的手指早點減輕疼痛，他們的良善與主動的幫助與關懷，令我好感動，沒有什麼比真心更動人的。一趟探訪，深深讓我難以忘懷，心裡開始有了一些負擔。

這是一趟奇妙的行程，在此次行前，我們寫了三個月的靈修筆記，直到出發前。在我正猶豫是否成行的時間點，我的靈修筆記正在寫約拿，約拿是個不想順服神的先知，他多次逃避神的呼召，派遣他到尼尼微去，結果被吞到魚腹中三天三夜，後來他順服神的差遣，到尼尼微去傳講悔改的信息，讓尼尼微人不至滅亡。約拿的順服神，讓我下定決心出發去探訪。不料在基金會時和一位主要同工在閒聊時，她也提到了約拿，當她提及約拿，心裡覺得怎麼這樣巧！她提到缺少同工，希望多點人出來服事，這件事一直放在我心裡，只是當時面對呼召，心中是有疑問的，因為不知這呼召是否來自神？

奉上全人的宣教士

離開原本的舒適圈，我不否認是有遲疑的，甚至不想面對它。這幾年多次參與短期宣教，在我心中激起了

朵朵浪花，但是想起柬埔寨有位宣教士，在活動結束後返回的路上出了車禍，貨車上的腳踏車手把直接戳進她的眼睛裡。她被送進城市裡最好的醫院，結果醫院沒有能力處理這樣的問題，考慮轉送鄰近國家，像是泰國、馬來西亞或新加坡，幾經周折，最後決定送回自己的家鄉，但是身體越來越虛弱，即使上得了飛機，也不知能否撐到目的地。

她說當自己感覺快撐不住的時候，用了最後的力氣向神祈求：「請給我力量坐上飛機，保守我不再吐與拉。」上了飛機就昏睡過去了，醒來時，聽見親友呼喚的聲音，感謝主！是很多人合力幫助才順利將她送達醫院，但因為拖延了太長的時間，眼睛沒有能及時救回，失去了一隻眼睛，她仍然感謝讚美神，在她危難時的同在。這是她親口告訴我的，我們後來成了好朋友。她為神奉獻一生的精神，實在令人十人感佩。

耶穌對門徒說：「**若有人要跟從我，就當捨己背起他的十字架來跟從我。**」（馬太福音十六章 24 節）這是絕對順服的呼召，即使負上代價也無怨無悔。當我們面臨著一個選擇──耶穌或今生的舒適──我們會選擇哪一個？背起十字架，需要考慮的問題是：如果它意味著，

你會失去一些最親密的朋友，疏遠你的家人，可能名譽
受損，可能健康受損，甚或失去生命，還願意跟隨耶穌
嗎？雖然這一切並不意味著會發生在我們身上，但願意
跟隨耶穌，意味著會失去某些，亦會獲得某些。但只有
當我們願意背起十字架跟隨主，才可以稱為祂的門徒。
聖徒（聖潔的門徒）不僅蒙召要「忍耐」還要「得勝」，
如同主已經得勝了！對得勝者的正面鼓勵，就是必得獎
賞。蒙主呼召和揀選，讓我們得以進入祂的國度，但是
我們也當努力，才能保住這個位分。

呼召是從神而來，領受從神而來的呼召，就是人生
的召命，是人生存在的意義與價值所在。呼召的主權在
神，祂揀選、祂指派、祂問責，我們是按著神的呼召來
履行神給予的使命，呼召是神的揀選，祂按照每個人在
祂心目中的「獨特」，委派不同的角色，發揮影響力。
呼召就是活出神的旨意，就是神所指派的角色或崗位，
並不是成為宣教士或傳道人，才算回應神的呼召！神指
派崗位的同時，也賦予我們這崗位應有的責任和權力。
神既揀選並給予獨特使命，神也會問責，所以當認定是
神呼召時，便是盡心、盡意、盡力去做，在神面前盡忠
職守。

接受呼召是一個重大的決定，願意與否是一個關鍵因素，接受呼召意味著要讓神居首位，因為祂是主，凡事都要聽從祂，按著祂的旨意去行。這是大多數人最難做到的部分，說願意接受呼召很容易，行得出來卻不容易。因為這意味著，要放棄很多屬於自我的部分，自我的思想、自我的認知、自我的行為、自我的意志等等，放棄自我歸向神，很少人能夠做到。這是我在面對呼召時，舉棋不定的主因，既然決定追隨，就必定要當一位忠心的僕人。

耶穌說：「**手扶著犁向後看的，不配進神的國。**」（路加福音九章 62 節）這是指當我們一方面扶著犁往天國走，另一方面卻仍舊留戀舊有的一切，頻頻向後看，所以神說，這樣上不著天，下不著地的人，不配進神的國。行走天路的人，心志必定要堅定。保羅勉勵我們：「忘記背後，努力面前的，向著標竿直跑，要得神在基督耶穌裡從上面召我來得的獎賞。」耶穌的最後一場講道中，說：「**人子得榮耀的時候到了。我實實在在地告訴你們，一粒麥子不落在地裡死了，仍舊是一粒，若是死了，就結出許多子粒來，愛惜自己生命的，就失喪生命；在這世上恨惡自己生命的，就要保守生命到永生。**」（約翰

福音十二章 23-25 節）

　　一粒麥子的比喻，既是耶穌對自己將面臨的處境說的，也是對呼召的人說的。受神的呼召是屬靈生命「生」與「死」的決定。耶穌曾說：「**你們要進窄門，因為引到滅亡，那門是寬的，路是大的，進去的人也多；引到永生，那門是窄的，路是小的，找著的人也少。**」（馬太福音七章 13-14 節）又寬又大的路走起來容易，也很舒坦，卻是走向滅亡，而又窄又艱難的道路才是走向永生。這是人需要留意的選擇。耶穌也說：「**凡稱呼我『主啊！』的人不能都進天國，惟獨遵行我天父旨意的人才能進去。**」（馬太福音七章 21 節）

錢財的考驗

　　人無聖潔，不能進神的國，要過聖潔的生活，首先要免去一切的貪心，並節制一切的慾念。大多數人都未能明白金錢是從神而來的考驗與託付。神以錢財來教導我們信靠祂，對許多人來說，金錢的確是最大的考驗，神察看我們如何使用金錢，以此考驗我們是否值得信賴。當我們進入永恆，必須留下一切，所能帶走的唯有品格

特質，就是聖靈的九個果子，我們帶著所結的果子進入
永恆。當我們掌握到這個真理時，就不會再汲汲營營地
要賺得全世界了。

　　我作了一個夢，一個朋友向我介紹她重價買來的一
座雕刻品，但只是隨意放在房子裡的一張桌子上，絲毫
看不出它的價值。她說不敢買個保險箱來存放，是因為
怕人知道它的價值後，會想盡辦法把它偷走。夢醒之後，
覺得很有意思，反覆思考，東西的價值究竟是由什麼來
決定？是由誰來決斷它的價值？一個保險箱內存放了假
珠寶，珠寶就此變得珍貴了嗎？

　　買櫝還珠，買了木匣子卻歸還珠子，究竟是眼力不
佳，還是價值判斷有問題？用華美的木匣子裝盛的珠子，
必然價值不斐，畢竟不會有人買一個保險箱來存放假珠
寶。人有時不能分辨東西真正的價值，但神永遠能分辨
一個人存在的價值，因為我們都是由祂所造，祂必然了
解每一個所造物的價值，而且看中他的價值。「**我們各
人蒙恩，都是照基督所量給各人的恩賜。**」（以弗所書
四章 7 節）以恩賜服事他人，歸榮耀給神，我們每個人
都是神特別設計的，祂給我們不同的才幹、恩賜和技能，
這一切都不是偶然湊合而成的。神給我們這些能力，不

是為了自私的目的，乃是為了使人得益，正如別人也是
為我們能獲益的緣故，而擁有神所賞賜的恩賜與才幹。
「**我們曉得萬事都互相效力，叫愛神的人得益處，就是
按他旨意被召的人。**」（羅馬書八章 28 節）

　　自從按著神的旨意來寫這本書，清楚看見神的呼召
在其中，我們往往透過事後的回顧，才會比經歷其中的
時候看得更清楚，了解得更明白。即使，我真的做了許
多異夢，看見了許多異象，我覺得它們是從神而來的，
但是我仍然害怕步入未知的領域，信心上是仍不足夠的。
信心，是指相信耶穌能夠讓我勝過邪惡，能夠為我造一
顆清楚的心，使我裡面有正直的靈。每一個為主作工的
人，都會面臨不同程度的屬靈爭戰，魔鬼必定會攪擾這
一切，所以每個人都要面對不同的挑戰。神會藉著聖靈，
一步步引導我前行，在跨出信心腳步的過程中，也讓我
看見自己的愛好和潛能。

　　每當我有機會和別人分享神的話語和個人的見證
時，我就會生龍活虎起來。我在分享當中找到喜樂，而
我在這方面的表現還不錯，其實只要願意踏出腳步去嘗
試時，神會賜給我夠用的恩典去達成。我有幾次在分享
前心情十分緊張，因此禱告向聖靈支取能力，都順利地

達成了任務。信心是在經驗中變茁壯，在操練中被建立的。神的事工，必定有神的陪伴一起同行，祂要我們定睛看著祂，一步一步地將祂的旨意彰顯出來。遵行神的旨意實在是非常值得的事，當我們做錯了事，神會告訴我們怎樣做才是對的，因此就會對祂的帶領越來越有信心，而我們的良知也變得越來越敏銳於神的聲音。

呼召與使命

　　神未必總是把一個工作或任務交給最符合資格的人選，因為態度往往比經驗或學歷來得重要，尤其是事工方面的職務。研讀越多認識神的話語，就越能讓話語的能力流貫在生命中。耶穌不只賜我們生命的糧也賜生命的活水，讓我們既不餓也不渴，而且心靈永遠得以飽足。

　　一個基督徒委身為「大誡命」及「大使命」才能擁有完整的基督生命。大誡命是：一、盡心、盡性、盡意、盡力愛主——你的神。二、愛人如己；新命令是：彼此相愛；大使命是：「天上地下所有的權柄都賜給我了，所以你們要去，使萬民作我的門徒，奉父、子、聖靈的名給他們施洗。凡我所吩咐你們的，都教訓他們遵守，

我就常與你們同在，直到世界的末了。」

　　使命源自「差遣」一字。身為基督徒的意義包含被差遣到世上去作耶穌的代表。耶穌在地上的使命，如今成為我們的使命，因為我們是基督的身體，而基督是教會的身體。耶穌不單呼召我們歸向祂，更要去傳祂的福音。告訴別人如何得永生，是我們能為他人做的最偉大的事。我們擁有世上最好的消息，與人分享這消息是我們對別人最大的恩惠。神要使用我們的人生經歷，領人歸入祂的家。我要分享見證，耶穌如何改變我的故事。我要告訴大家，遇見耶穌以前我的人生如何，我如何認識耶穌，了解自己需要耶穌，我如何委身耶穌，耶穌在我生命中的意義。

　　我生命中最大的好消息，就是信靠主，藉著耶穌的拯救罪得赦免，人生有了目的，並且有將來居住天家的應許。我有責任透過見證保存紀錄，向後世的人見證神如何幫助我活出有意義的人生。而這些見證在我離開世界之後，還要繼續說話。在人生不同的階段，會有不同的角色，但是人生目的卻永遠不變，它比任何的角色更重要，它反映神用獨特方法塑造我，使我能服事祂。了解自己在屬靈恩賜、心性、才能、個性和經驗的組合，

就能清楚神的呼召與使命。

使徒保羅

使徒保羅是我非常敬佩的人物。「**我比他們多受勞苦，多下監牢，受鞭打是過重的，冒死是屢次有的，被猶太人鞭打五次，每次四十減去一下；被棍打了三次；被石頭打了一次；遇著船壞三次，一晝一夜在深海裡。又屢次行遠路，遭江河的危險，盜賊的危險，同族的危險，外邦人的危險，城裡的危險，曠野的危險，海中的危險。受勞碌，受困苦，多次不得睡，又飢又渴，多次不得食，受寒冷，赤身露體。**」（哥林多後書十一章23-27 節）

這是保羅敘述為基督宣揚福音時所受的苦難。一個原本享有不錯社會地位的羅馬公民，受過高等教育，是個飽讀詩書的律法家，竟然願意為了基督的緣故，忍辱負重地艱難度日，不論身處何處，總是努力宣講福音。「**我不以福音為恥，這福音本是神的大能，要救一切相信的，先是猶太人，後是希臘人。因為神的義正在這福音上顯明出來；這義是本於信，以至於信。如經上所記：**

『義人必因信得生。』」（羅馬書一章 16-17 節）

　　保羅為救一切相信的人，苦口婆心地一再寫信給各個教會的信徒，教導正確的訊息，持守大家的信心，直到最後，他也知道將為主殉道。「**我現在被澆奠，我離世的時候到了，那美好的仗我已經打過了，當跑的路我已經跑盡了，所信的道我已經守住了。從此以後，有公義的冠冕為我存留，就是按著公義審判的主，到了那日要賜給我的，不但賜給我，也賜給凡愛慕他顯現的人。」**（提摩太後書四章 6-8 節）

　　保羅是無愧見主面的典範，因為保羅，我們外邦人得以不必行割禮，也不必遵行猶太人的律法。「**但如今，神的義在律法以外已經顯明出來，有律法和先知為證，就是神的義，因信耶穌基督加給一切相信的人，並沒有分別。因為世人都犯了罪，虧缺了神的榮耀，如今卻蒙神的恩典，因基督耶穌的救贖，就白白的稱義。神設立耶穌作挽回祭，是憑著耶穌的血，藉著人的信，要顯明神的義；因為他用忍耐的心寬容人先時所犯的罪，好在今時顯明他的義，使人知道他自己為義，也稱信耶穌的人為義。」**（羅馬書三章 21-26 節）保羅主張「因信稱義」，因為相信耶穌，向神認錯悔改，以致有機會算為

義，義人是在神眼中看為義的人，神是鑒察人心的神，
也是公義的神，祂比誰都有資格認定誰可稱義。保羅是
使徒中講說聖靈最多的，也多次提及屬靈的恩賜，他也
關心信徒受聖靈了沒有。他在多封書信上講說屬靈的恩
賜帶來的能力，他也承認自己講方言比其他人都多，但
也提醒不要濫用屬靈恩賜，恩賜是為了傳福音的事工，
讓事工更有功效。

與聖靈同工

　　我從神領受了幾樣屬靈恩賜，願意在聖靈的同工下，
為福音廣傳盡一份心力。與神同行一段時日之後，我漸
漸領會神的計畫。我的命定就是去成就神特別為我設定
的計畫，計畫裡有神要我去做的事，也有神要我去享受
的事。神的計畫，透過聖靈的作工彰顯出來。耶穌差派
聖靈住在我裡面，讓祂進入我每天的生命之中。在神的
事工上，需要與聖靈有更多順暢的交通。我們應該先禱
告，然後領受神的計畫，而不是先計劃然後禱告求神達
成我們的計畫，神比我們更了解整件事情的益處，怎麼
做才會更好，所以聽見神的話語很重要。

　　神的作為很奇妙，十個主題在開始書寫的幾天內，就陸續出現了，而且會連續出現好幾個，十個主題是按照出現的順序來編寫的。重點提示則是在寫每個主題時，就會在當天醒來後一直有意念進來，我就趕快記錄下來，直到意念停止，我知道神的話語結束了為止！其中最奇妙的部分則是，重點提示的內容，正是要運用在這篇內容裡的。這回我是完全遵從神的旨意，由神來帶領，寫出神所想要傳達的訊息。

　　神愛我，在主裡我有更大的自由，更多的安全感，我以前很在意別人的眼光，而現在我自在做自己，神給了我不同的天賦和獨特的個性，我只要活出神想要我活出的樣子，再也不太在意別人的看法了。因為我相信神的揀選，是為了祂在我生命中的計畫，祂決定了我的生辰和壽數，決定我有多少能力和祂同做幾年的工。

　　世界不是我們最終的家鄉，世界縱然有苦難、有困難，還有很多人無法解決的問題，但是因為有神的同在，就不再害怕、恐懼，因為耶穌說祂已勝了世界。我們要完成在這個世界上神所賦予我們的任務，當我們蒙神寵召時，不是離家而是回家！

第 7 篇

疾病教我們的功課

每一個人總得有一個方法離開這個世界，令許多人懼怕的，其實是從疾病到死亡的過程。這必定不是輕鬆愉快的過程，這其中有許多是靠人本身難以勝過的部分，身為基督徒，我們很慶幸有神的話語陪伴我們，度過所有的景況。有時我們曾經距離死亡非常近，病情十分嚴重，我們會因此對生命的了解變得更加深刻，我們看到一個人已經在垂死邊緣，因著神的恩典，性命得以保全。不可能離死亡如此接近，卻又什麼改變都沒有。這是基督介入我們的生命中，對我們產生的最大助益。

逃避不了的生死課題

　　人生的生、老、病、死是一個再自然不過的歷程了，有生必有死，這是人無法逃脫的律。年過五十以後，對於老與病，開始有了不同的體悟，周邊的親人一個個走下人生的舞台，有年老的，也有壯年的。棺木裡躺著的，不一定是老人，但一定是死人，且大多是和疾病有關，因此疾病對每個人來說，都是很重要的功課。

　　人生像一列從起點駛往終點的列車，每個人在不同的終點下車，有的人旅程很長，有的人旅程不長，但終究都會下車。人坐在車子裡，經常以為是窗外的景物在移動，人總是希望，是外在環境來配合自己，而不是自己去配合外在環境，所以生命往往不如預期，人來到這世界走一遭，看法不盡相同，走了不同的路，看了不同的風景，有人覺得好極了，有人覺得遭透了，端視各人對人生閱歷的觀點而定。

　　一個飽經病痛折磨的人，大概說不出太正面的話語，而陪伴身邊的親人更是情何以堪！癌症像是無聲的殺手，尤其在這些年來，罹癌的機率、患病的人數一再往上攀升，因癌症過世，不再是老人的專利，癌症多年蟬

聯死亡的榜首，青壯人口罹患癌症也時有所聞。這幾年
間身邊的親人因為癌症離世，有一人因喉癌，一人因淋
巴癌，一人因腦癌，都在五十多歲的壯年，紛紛走下人
生的舞台。

　　罹患喉癌的哥哥是我兒時的玩伴，我們年齡相仿，
他經常抓一些小動物給我飼養。我們有著難忘的共同記
憶，最後一次看他是在醫院裡，精神仍然很好，還約定
過年時要回老家團聚。沒過幾天，他就送回老家了。他
抗癌兩、三年，很積極配合治療，直到要送回老家前，
仍不能接受自己將要死亡。他在拔除插管，意識彌留狀
態，仍掙扎了兩、三天才離世！我可以理解他的不甘心，
他很努力，還有很多未了的心願，但是試遍各種藥物，
在他身上反應都不好，以致最後仍宣告不治。

　　相隔不久，另外一個哥哥因腦瘤破裂送醫急救，很
快就離開人世了！這位哥哥的離世，令人十分不捨，因
為他腦瘤破裂時才知他有腦瘤，頭痛的情況大約有兩年
了，他經營工廠，是主要的負責人，缺他不可，所以每
日忙著工作。他走後，工廠仍然繼續運作，可見沒有什
麼事是非誰不可的。他幼年喪父，身為長子和媽媽一同
挑起家庭重擔，有強烈的責任心，他努力到倒下的那一

刻。有時我會想，如果他早些發現，並順利取出腦瘤，沒有死亡，他的人生還會和以前一樣，過同樣的生活模式嗎？許多人努力賺錢，想等到退休後慢慢享用，但有些人沒有機會等到退休。

「我恨惡一切的勞碌，就是我在日光之下的勞碌，因為我得來的，必留給我以後的人，那人是智慧，是愚昧，誰能知道，他竟要管理我勞碌所得的，就是我在日光之下，用智慧所得的，這也是虛空。」（傳道書二章18-19節）所羅門王是一個擁有非凡智慧，大量財物和無上權力的王，他在晚年卻如此感嘆！虛空的虛空，虛空的虛空，凡事都是虛空。一個人即使再偉大，最後也只不過淪為塵土。我至今很後悔，沒有即時將福音傳給自己的親友，讓他們在勞碌終生時，有一個救贖，得永生的機會。

人類的警鐘

現今的地球環境，比較起以往越來越不好，人類賴以生存的諸多要件，一一都出現問題，水污染、空氣污染、輻射污染、飲食習慣、生活型態、垃圾處理等，在

在影響人的身體健康。因此層出不窮的癌症、呼吸道疾病、心血管疾病、腎臟疾病、消化道疾病、神經性疾病、精神疾病、傳染性疾病等，都是現今世界急需面對的問題。許多專家提出警告，科學家更是敲響警鐘，地球生物正以前所未有的速度快速滅絕，不管是動物還是植物，每日都有物種在消失或快速減少。物種的消失會影響到地球上空氣、糧食、水源等人類生活的基本要素。

　　一旦物種消失會影響整個食物鏈，人類過度開發，工業科技的發展，往往是破壞生態平衡的殺手，塑膠最早來自於 1850 年代的英國，至今發展到不可勝數的地步，到處都能用得上它。塑膠暴露自然條件下會自然降解，但是對於水源、空氣的污染，造成很大的危害。如果有一天，陽光、空氣、水全都出了問題，人類要怎麼活下去？若以每十年為一個世代，每個世代都在面臨不同的挑戰。現今世界是前所未有的富裕年代，衣、食、住、行、娛樂，供應上都十分充足，人們吃進更多的食物，也造成更多健康上的問題，引發許多慢性病的產生。

　　減肥最好的方法就是不要吃，沒有吃進去的，就沒有存起來的。有一回去吃火鍋，鄰桌一對夫妻點了一桌子菜，我很驚訝他們怎麼吃得完，但他們果真把全部都

吃完了，然後帶著龐大的身軀離開。羅馬不是一天造成的，更大的車子更耗油，身體就猶如一部車，要維持一定的運作，就需要更多的食物。

我罹患糖尿病後，對於食物的選擇、份量的控制，都比一般人要嚴格一些。一開始有些不適應，但漸漸發現糖尿病患者的飲食是更健康的飲食，「健康的食物不好吃，好吃的食物不健康」是有道理的。許多加工製品確實比天然食物好吃，但是吃進身體的，可能不是健康而是疾病。在滿足口腹之慾和健康飲食之間，往往是屢有爭戰，要管住嘴巴，畢竟不是容易的事。

每個人都有飲食上的偏好，糖尿病飲食，均衡是上策，但要限制糖和澱粉兩類的攝取量。我對又軟又Q的東西沒有抗拒力，常在吃的時候忘了自己是糖尿病人。一個人在各方面學會節制，真的是很重要的功課。能約束自己的嘴巴不亂說話，不亂吃東西，不該食用的東西不入口，是非常重要的事，「病從口入」用在攝取無當的人身上，也是十分重要的提醒。「人若賺得全世界，賠上自己的生命，有什麼益處呢？人還能拿什麼換生命呢？」（馬太福音十六章26節）這是非常值得深省的問題。

　　蘋果創辦人賈伯斯，裕隆集團的嚴凱泰，微軟共同創辦人艾倫，他們都有龐大的財產，但是無力換回寶貴的生命，都是在壯年就因罹患癌症病逝。再偉大的人也無法帶走任何物質界的東西，留下的只是悲嘆與遺憾。

　　基督徒也是人，是人就會生病。有些人就是因為疾病才走進基督耶穌裡的，我正是這樣。基督教不僅教我們如何生，還教我們如何死。基督信仰對於疾病、生命、死亡，有著和世人不同的看法和面對的方式。人的生命過程中，都是處於不斷藉由經驗來學習的過程，沒有人是做了足夠的預備，才開始走人生的道路。而人生是一連串的選擇和判斷，不論是正確的選擇和判斷，還是錯誤的選擇和判斷，人們走上不同的道路。

看待生命的方式

　　記得有一回在閒聊中，有人獲知我有糖尿病，就向我推銷一款能夠修復身體組織的水，用了一堆資料來證明他所言不虛。我笑笑地對他說：「我覺得生命中最重要的不是追求長壽，如果喝了之後不斷修復身體組織，反而變得年輕，都死不了，那要怎麼辦？」他聽了我的

話，感到十分詫異，怎麼有人不追求長壽及完全的健康？我知道這是一種直銷產品，世界上怎麼可能有如此長生不老的妙方？就算有，我也不想要。人生自古誰無死，問題是怎麼面對死亡。「若是知道死亡那邊是什麼，就能無懼無怕。若是知道生命的意義是什麼，就能無怨無悔。」這是很好的提醒。聖經上說：「我們一生的年日是七十歲，若是強壯可到八十歲；但其中所矜誇的不過是勞苦愁煩，轉眼成空，我們便如飛而去。」（詩篇九十篇 10 節）可見即使是壽命，都有神的律在其中，人活著就得耗費地球資源，當人壽命的新陳代謝被改變了，將會是另一種災難的開始。每一個人總得有一個方法離開這個世界，令許多人懼怕的，其實是從疾病到死亡的過程。這必定不是輕鬆愉快的過程，這其中有許多是靠人本身難以勝過的部分，身為基督徒，我們很慶幸有神的話語陪伴我們，度過所有的景況。

　　如果我們正在受苦，正經歷苦難，需要做的第一件事就是尊神為大。當把神看得越大，困難就越小，把神看得越小，困難就越大。如果我們只單單看我們的問題及苦難，苦難只會變得更大。有時我們曾經距離死亡非常近，病情十分嚴重，我們會因此對生命的了解變得更

加深刻，我們看到一個人已經在垂死邊緣，因著神的恩
典，性命得以保全。不可能離死亡如此接近，卻又什麼
改變都沒有。這是基督介入我們的生命中，對我們產生
的最大助益。凡事藉著禱告、感謝和祈求，將想要的告
訴神。

　　耶穌曾應允我們：「**我又告訴你們，若是你們中間
有兩個人在地上同心合意地求什麼事，我在天上的父必
為他們成全。因為無論在哪裡，有兩、三個人奉我的名
聚會，那裡就有我在他們中間。**」（馬太福音十八章
19-20 節）禱告是大有功效的，尤其是為病人禱告，如果
我們真心為某人禱告，身上的一些能力會離開我們，流
到對方身上。能力從神那兒流出，而良善的能力從我們
這兒流出，兩者在有需要的人身上相遇。在禱告時，握
住病人的手，按手在那人身上，或用手臂抱住那人的肩
膀，神會使用身體的管道釋放能力。神會使用這種身體
的接觸，這不只是一種象徵性的動作，而是一個實際的
動作，能力從我們的手流出。禱告不只是基督徒的責任，
也是一種特權，神可能改變心意，回應我們的禱告。神
並沒有改變祂的性格和本質，但有時會改變祂的作為。

　　當我們為一件事禱告，從後來發生的事看先前發生

的事，會明白神已經做了某事，而如果沒有人為這事禱
告，祂並不會去做這事。有時候，一連串的巧合開始發
生了，事情發生的機率讓我們明白神垂聽禱告。當我們
禱告時，必須有純潔的動機，神能分辨我們的需要和想
要。聖靈是一位很棒的老師，祂會在禱告中幫助我們。
禱告就是說話和祈求，必須要有內容和對象。禱告很簡
單，就是孩子將自己的需要告訴父親。

我們可以用口禱告，也能用靈禱告。聖靈裡的禱告，
一種是聖靈接管我們的思想，並賜給我們正確的想法，
然後我們有責任將這些想法表達出來，另一種在聖靈裡
的禱告，聖靈沒有使用我們的思想，而是接管我們的口，
而我們有責任動口和舌頭。事實上，聖靈和我們一起禱
告，如果我們想要在靈裡禱告，就必須和聖靈合作。而
在聖靈裡禱告的人會明白父的旨意，子的榮耀，以及聖
經的真理。對我而言，這是真真實實的經驗，在我生命
中就有許多這樣奇異的事。

搶救生命大作戰

神為人預備了各樣資源、能源，供應人們的需用。

但是人類的慾望無極限，現代人多有縱慾過度的問題，過度放縱慾望的結果，許多疾病的發生，人本身要負很大的責任，有人說：「人是地球的癌細胞」，從我們破壞環境的方式來看，一點也不為過。許多科學家呼籲要搶救生態浩劫，刻不容緩，許多科學家對於物種快速消失開始展開保種復育的工作，開啟了所謂「方舟計畫」，就像遠古時代的挪亞，知道神將滅亡人類，按照神的指示造一個極大的方舟，將動物一對一對的放進方舟裡，躲避神的滅絕。

人們相信科學，但對生命的預告，神學比較正確，因為人的眼目不可能高過於神。挪亞時代之所以可以保留餘種，那是神的旨意。現代科學家也承認，保種計畫幾乎是不可能的任務！人類為了更舒適更便利的生活，大量耗費煤和石油，造成嚴重的環境問題，這是花了巨大的代價換來的。人類十分浪費能源，物質取得越容易，人類越不懂得珍惜，每個家庭都有數不盡的閒置物品，很多時候空間是用來堆放物品的。為了享受更舒適的生活，人們用不利健康的方式來換取。AI 人工智慧，機器人取代人力，人類最後只剩下一根指頭的功能，這樣的生活方式，難道是我們想要的嗎？

　　委內瑞拉的殷鑑不遠，委內瑞拉曾是拉丁美洲最富裕的國家，如今卻步上了崩潰的下場。委內瑞拉擁有全球最豐富的石油蘊藏，財富一度像石油一樣源源不絕，政府依賴出口石油獲利，在社會福利計畫上，揮霍無度，原來還有一些農產品生產，後來所有物品全仰賴進口，如今委內瑞拉食物短缺日益嚴重。通膨嚴重，人民陷入貧病與飢荒之中，更因電力無法穩定供應，全國陷入一片混亂，一個石油天堂墮落成人間地獄。缺水、缺電、缺糧，民眾開始殺害街上動物果腹，委內瑞拉成也石油，敗也石油。政府靠石油補貼，將一切物資以低價賣給人民，東西都變便宜，人民自然沒有打拼的動力。國內生產誘因不足，生產力逐漸萎縮，以致淪落至目前的景況。

　　當人類過慣越來越舒服的日子，就漸漸失去能力，去過不夠舒服的日子了，自從機器代替了人力，不會用手洗衣服的人，已經是比比皆是了。電腦時代，人們習慣用一根指頭搞定一切。滿街的低頭族，付上了更多的健康為代價。手機、電腦上的遊戲軟體，已經快打掉人類的生機了。各國生育孩子的數目不斷在創新低，舒適的生活環境大大降低年輕人生養孩子的動機。現今男女不婚，不與異性交往的理由，男性為「金錢上的負擔」，

女性則是「因為不想失去只屬於一個人的自由和舒適」。
如今丟棄嬰兒、殺死自己親生孩子的新聞也時有所聞，
是人倫上的巨大悲劇。

　　一個人是由靈、魂、體而組成的，不只身體會生病，
靈和魂同樣會生病。魂是指心理健康的問題，現代人除
了身體的疾病，也有很多心理的疾病，就以憂鬱症來說，
不分富人、窮人，身處任何的地區和國家，憂鬱症的人
口與日俱增。我本身就是一位憂鬱症患者，在我三十五
歲第一次因多重壓力引發疾病至今已經二十年了。長期
服用抗憂鬱劑控制病情，我曾為此幾乎喪命。

醫治生命的主

　　自從遇見耶穌這位最好的醫師之後，我的疾病得到
有效的治療，心病需要心藥醫，耶穌在生前醫治過無數
人，在祂死而復活之後，仍差派聖靈繼續在這個世界作
工。安慰人其實是把力量放進這個人的靈魂裡，把剛強
放進這個人的心裡，卻不是悉心保護這個人的身體。除
非人確實知道自己生病了（病識感），否則提供藥方是
沒用的。除非有人十分確知自己是錯的，而且需要改變，

否則告訴人如何歸主，在神面前如何稱義，都是沒用的。
想要被醫治要有被醫治的心志，不然是沒有用的。

耶穌說：「康健的人用不著醫生，有病的人才用得著。」現在有越來越多的心理疾病，如果心思可以使身體生病，也可以使身體健康。一個人若透過自己的心思，可以在某種程度上掌控自己的身體，那麼耶穌能在病人的心思中動工，豈不更能幫助人的身體？世人不相信耶穌，根本問題在於人們的意願，意願太弱，抗拒力太強，不是無法信，而是不願信。大多數人在乎自己在人群中的聲望，多過神怎樣看我們。我們比較在乎人的稱讚，並不真正擔心神如何看我們，所以，我們若太在意人的評價，就不會對信仰太認真。

曾經我因太在意別人的說法和看法，壓力大到難以負荷。神提醒我，別人並沒有二十四小時跟著我，也不真正知道我心裡想什麼，如何對我有公平的判斷？神才是二十四小時跟著我，知道我的心思意念，才最有資格評斷我。祂是比任何人都了解我並且隨時幫助我的神，我需要和祂建立深刻的關係，求祂來醫治我心理的疾病。

我在信主之後，病情得到很大的改善，醫生甚至在病歷上註記我已受洗信主了。信仰對憂鬱症患者的幫助

是有醫學認證的，只是要在對的信仰上，才能發揮正面
的效果。那些藉著各種神祇力量來斂財的，千萬不要信！
禱告不用錢，求耶穌醫治也不用錢，只需要一顆虔敬、
順服及願意被醫治的心。醫治者是大能的神，醫治的良
方記在聖經裡，耶穌的醫治是靈、魂、體全方位的醫治。
聖經記載許多被鬼附得甚苦的人，我也曾經遭受來自靈
界的攪擾，靈界是真實存在這個世界的，所以才會有屬
靈爭戰，不管是魔鬼、撒但、邪靈，牠們都是同一伙的，
這些勢力會轄制人。被鬼附和精神病是不相同的，被鬼
附的人，奉耶穌的名斥責，可以趕走魔鬼，靠著耶穌的
寶血，可以捆綁撒但，經過趕鬼的過程就得以痊癒，而
精神病則不然，兩者並不相同。撒但想要在人的身體裡
將人俘虜，牠想要將人捆綁在疾病中，牠想要擄掠人的
思想，以困惑和懷疑蒙蔽他們，牠是仇恨、爭戰、混亂
的來源。魔鬼會捆綁人的身體、思想和擄掠人的心靈，
因此奉主名的禱告，可以救我們脫離撒但，脫離兇惡。

　　牠用疾病的方式捆綁我們的身體，為了阻撓我們，
所以為病人禱告是正確的作法，至少可趕除不必要的攪
擾。耶穌已經賜下權柄，讓我們趕除這原不屬我們的罪
惡權勢，只要奉祂的名和祂的寶血，就能趕除這一切，

我們是身體的主人，有能力決定我們是屬誰的。宣告是主權的宣示，信心的宣告是信心的表達方式。只要我們不斷宣告，求主來醫治我們身、心、靈的疾病，必然能有健康的靈、魂、體與健全的生命。

耶穌不只是拯救生命的主，也是給予生命的主，不但能解決今生的問題，也讓永生有了盼望。一個人步入中、老年階段，都應該思考，離開了這個世界要往哪裡去的問題。一個人如果了然於胸，心裡會踏實很多，在離去的時候少了恐懼，在耶穌裡，我們形容人的死亡為「睡了」。「睡了」就與耶穌同在了，一旦理解到那是最後一次睡著，而且肯定醒來時與耶穌同在，一切的懼怕就會消失。

安息主懷

教會裡有位老姊妹，罹患大腸癌，治療兩年都無法擺脫疾病，後來她選擇安寧療護，不再積極治療。這位愛主的姊妹，因為知道日後的去處，沒有恐懼，沒有害怕，靜靜的、安心的，等待主來接走她的日子，她在彌留前，曾清楚告知家人，她看見耶穌了。黑頭髮，皮膚

黑黑的。這位姊妹生前努力傳福音，因為她是蒙受神大恩的人，是一位對主充滿信心的好典範。

還有一位姊妹，她罹患軟組織癌，是一種罕見且十分惡性的癌症，癌細胞擴展迅速，短短兩個月就蒙主寵召，她在尚能言語時，詢問她的孩子，有兩條路到底要走哪一條，耶穌曾告訴我們通往永生的路是窄的，而她已經看見道路了！她在病中依賴家人讀聖經給她聽，她也勉力跟著念，度過了艱難的過程。妹妹的婆婆也是虔敬的基督徒，連續遭逢喪夫、喪子的傷痛，多年前中風，半身癱瘓，從此進出醫院無數次，在無數艱辛的日子裡，是基督信仰支持她，等待主來接她的日子。就在她母會教友來探視她的隔天，她安心地離開了。

在她離世的那天，我的另一個妹妹跟我說：「昨夜一直沒有睡好，才剛小瞇一下，就夢見親家母戴著太陽眼鏡，笑得很開心，親家公來接她，她的長子，還有我們的爸爸也都來了。他們很開心，有一種置身天堂的喜樂。相信我，親家母很開心脫去這一身禁錮她的軀體，回天家了！」天堂的歡聚是何等的真實，這三位姊妹都是八十幾歲的老人了，知道自己往哪裡去，去哪裡，是多麼重要的一件事啊！

　　在耶穌裡，已死的人會先與耶穌相遇，然後我們這些還活著的人會趕上他們。一位基督徒過世，與主同在榮耀裡，我們會羨慕他的處境，即使我們在這世上蒙受祝福，也無法與主的同在相比，那是比我們所知道的都要美好的多，因此我們不應像沒有指望的人那樣悲傷。雖然也會為分離感到悲傷，但是那是為了自己，不是為了死去的人，我們雖然暫時失去至愛的人，但是不會因為永遠不再相見而絕望。

　　地球環境確實是越來越差，人的終局是滅亡！在聖經中早已預告，在末後的日子，必有更多的天災人禍不斷地發生。索多瑪、蛾摩拉是罪惡之城，神藉由大地震，毀滅了這兩個小城和周邊的押瑪和洗扁。當世界惡貫滿盈的時候，公義的神將會到來，施行審判死人活人，決定誰能進祂的國，一同享有與神同在的福樂。基督的信仰是奠基於事實，而非奠基於想像。聖經是築基於已發生之事，聖經內的事實可任由檢驗。一個經歷苦難的世界，比一個無人受苦的世界，更能彰顯神的作為來，地獄就是沒有神同在的地方，而有神同在的地方就是天堂。

第 8 篇

生命的拼圖

神也為每一個人設計出一套，要走到人生盡頭才能看出
全貌的「生命的拼圖」，生命的拼圖也是獨一無二的，
人生是一個把拼圖一片片拼起來的過程。一個人到了離
開人世之前，能清楚看到自己的人生拼圖是什麼模樣，
是多麼幸運的事啊！

遺失生命的拼圖

　　神是偉大的創造者和設計者，祂創造每個獨一無二的個人，沒有兩個人的指紋完全相同，同樣也不會出現毫無差異的兩個人，因而我們都是僅此一家別無分號的。同樣的，神也為每一個人設計出一套，要走到人生盡頭才能看出全貌的「生命的拼圖」，生命的拼圖也是獨一無二的，人生是一個把拼圖一片片拼起來的過程。而人們形容失智者為遺失拼圖的人，因為他們遺忘了生命中的許多過程。

　　我的媽媽罹患阿茲海默症有很長的時間了，初期使用藥物延緩失智進程，中期之後，藥物失去效用，逐步邁向後期症狀。失智是一條有去無回的單行道，各人之間有不同的差異表現，但共同的症狀包括：記憶力喪失、語言能力變差、失去空間立體感及方向感、性格改變、認知功能障礙。這是一種大腦退化的疾病，一般較不易察覺。等到有異狀發生，罹病都有一段時間了。我們目前正在陪伴媽媽，走這一段不容易的過程。

　　記憶中，媽媽年輕時，心地善良、富同情心、有助人的熱情。鄉下的女人生產，一向是在家裡生產，小時

候半夜常有人來敲門，請媽媽去協助生產，媽媽婚前是婦產科的護士，有豐富的接生經驗，在那個醫療不便的年代，互助是生存的法則。有幾回，我看見媽媽接生回來，還忙著找舊衣服和舊包布，因為產婦家窮得什麼都沒有，甚至沒有能力為嬰兒準備任何用品。媽媽不但沒收接生的紅包，還送了許多用品給產婦，並每天去護理嬰兒，直到臍帶脫落為止。

媽媽很能同理窮苦人的艱苦，記得有一個要飯的女人，經常在我們吃完晚飯後來到家裡，媽媽會在她帶來的容器裡，裝一些食物給她。巷子裡住著一個精神狀況有異常的女人，丈夫娶她是為了傳宗接代，她連續生了幾胎孩子，都沒有養活。原來是她把沖泡給嬰兒喝的奶，自己先喝了，再加水搖一搖餵給嬰兒喝。後來這情況被她丈夫發現了，將她生下的男嬰抱給他人養育，才得以存活。從此她被掃地出門，晚上睡在牛車底下，靠著鄰居的接濟過活。

她成天在街上遊蕩，有一回，她被丈夫打，瑟縮身子，躲在我家門前的電線桿下，一臉驚恐。當天不僅天冷還下著雨，一群人喧喧鬧鬧的，說是有人向她丈夫告狀，說她偷了金項鍊。但是她一再表明沒有偷，她先生

以為她不肯說實話，拿了棍子打了她，因為被打得受不了，她才奔跑出來。大家議論紛紛，媽媽實在看不下去，進屋拿了一件外套給她披上，並為她說了幾句公道話。那日的場景，至今歷歷在目，因為結局是金項鍊找到了，而這個可憐的女人，白白挨了一頓打！事後我和媽媽談論起此事，都會氣憤難平，只因為她是個瘋女人，所以事情就這樣算了！我很佩服媽媽的勇氣，出面緩和了現場情緒。

　　媽媽的個性十分追求完美，對事情的要求很嚴格，經常在要求我們做家事之後，她又再重新做一遍，並不斷叨唸，我們做得哪裡不好！哪裡又不對！她總要我們按照她做事的步驟和方法，不可漏掉任何一個步驟，否則她便不滿意，我們都不喜歡她所要求的做事方法，因此很難達到她滿意的標準。

　　她常說以前任職的診所，醫生多麼要求精確，遞錯器械，會直接在眾人面前摔器械，因此在醫生嚴厲的要求下，養成媽媽做事重秩序流程，在日常生活上也不肯妥協。媽媽後來患有嚴重潔癖與清潔劑濫用的問題，她的個性好勝且好強，總是要盡力做到最好，受人誇讚。細菌在手術台上，常是致命的原凶，消毒不夠徹底是會

要人命的。因此，她對於細菌這種看不見的生物，有著超乎常人的恐懼，當恐懼深植在心裡，又覺得它總無處不在的時候，更年期之後，媽媽罹患了嚴重的強迫症。

　　每日刷刷洗洗，清潔劑的使用氾濫，因為覺得用得越多越乾淨，她的一雙手都做到變形了，不經過她的手的事，沒有一樣放心。她經常抱怨有做不完的工作，因為她做得每一件事，都要耗費比他人更多的時間，她總是一再重複清洗，確保絕對乾淨。她連住五星級飯店，都要重新刷洗過一遍衛浴，才能放心使用。對於枕頭、棉被更是抱怨連連：「這不知有多少人睡過啊！」「誰會住飯店還自帶枕頭、棉被的？」有時忍不住這樣回她。直到實在受不了她的重複行為，開始出現焦慮不安，不斷走來走去，片刻也靜不下來，我才驚覺不對勁，帶她去看精神科（以前的人很忌諱看這科，覺得只有瘋子才要看這科）。醫生診斷她有嚴重的焦慮症和嚴重的強迫症（強迫思想、強迫行為、強迫性格）。

　　媽媽的情緒控管本來就比較差，經常為一點小事發怒。她經常生氣地說，要趕快把「做債」還一還，來生才不需要再做牛做馬。我經常告訴媽媽，牛和馬是因為有鞭子會落在牠們身上而不得不為，你的身上沒有鞭子，

是你總是強迫自己，你可以不需要這麼累！但是那無形的鞭子一直都在，怎麼說也沒有用。

媽媽除了個性上的因素，她所處的環境也帶給她極大的壓力，她對人十分殷勤有禮，愛面子的她，十分注重別人的看法，她待外人溫和友善，唯獨對自己家人易有怨言。媽媽的生活模式裡，有很多儀式性行為，像是祭拜時要先拜什麼後拜什麼，順序絕對不能弄錯。祭拜的食物，葷素不能用同一個鍋子，吃素的神明不能有一點葷腥，她很介意這些。

她供奉一尊千手觀音，每天用最虔敬的方式禮佛，總見她雙膝跪地，雙手匍匐在地再起身，重複無數次，六十初頭，膝蓋就因使用過度換了膝關節。她對信仰十分重視，早晚誦經，初一、十五吃全素，早餐吃素。每年不忘點光明燈，為祖先超渡，花錢不手軟。她堅信唯有這樣，才能保守全家人的平安。

媽媽所信仰的佛教，對她來說是無數的捆綁，讓她全然失去喜樂，逢年過節的祭禮是她最頭痛的問題，她有嚴重的年節症候群。個性決定命運，個性的執著堅持，不妥協讓步，都讓她吃足苦頭。隨著年歲增長，她對於祭禮的事開始力不從心，在七十歲時，因心臟衰竭的問

題住院，她再也無力爬上三樓從事禮拜活動。在她因為心臟疾病臥床休養期間，是她最乖的一段時間，因為她再也無能為力堅持什麼，當她失去所能掌控的一切能力，失智症找上了她。

媽媽的語言表達能力特別好，平時誰也說不過她，但那段日子，說話時常想不起很多名詞，伶牙俐齒的她不見了。帶著她出門，遇到紅綠燈，她會不知該走還是該停，我們覺得不對勁，帶她去就醫，診斷出初期的阿茲海默症，因此開始服藥控制病情。初期症狀其實並不容易分辨，一開始只是覺得健忘，方向感變差，基本生活能力仍是有的。

因為生病的關係，便將她接來同住，發現她似乎在憂慮某些事，她經常說：「活不久了！」原來媽媽也有個七十二歲的魔咒，算命的說她的壽命只到七十二歲。而這幾年她的狀況越來越多，因此十分相信算命所說的話。那時，我和二妹已受洗信主，我們都希望她也能受洗信主，那往後在天家至少是一起的。但是媽媽已經虔誠地拜了四十多年的佛，突然要她改變信仰，幾乎是不可能的事。領媽媽信主，雖然並不容易，但是我們並沒有放棄媽媽能信主的機會，並且感到迫切，她的身體十

分瘦弱，彷彿風中殘燭，隨時有熄滅的可能。

信仰的種子

　　牧師多次來家裡探訪，為媽媽禱告，懇求主親自來醫治她。外婆是基督徒，媽媽年輕時也上過教會，但尚未真正認識主，就嫁入傳統信仰的家庭，走上分歧的道路。耶穌有一則撒種的比喻，而媽媽信仰的種子，就是那落在路旁的，飛鳥來就吃盡了。因而我們必須重新在她心中播下信仰的種子，希望這回能紮根發芽。

　　媽媽很羨慕我們在信仰裡找到喜樂。我們常對她說：「你已經過了七十多年不喜樂的人生，接下來的日子就該要喜樂才對。輪迴信仰，強調更好的來生，但是基督信仰，今生就可得改變，就能享有喜樂的人生，不必等到那未知的來生。你說的做債、口業，到哪輩子才還得完啊！」

　　對於在年老的日子裡，只看大愛台的她，傳福音給她不是一件容易的事。我們清楚她供奉了四十多年的千手觀音，是她很大的羈絆，有一股無形的力量束縛著她，跨不出那個障礙。沒有盼望的日子，是一種辛苦的折磨，

體力越來越差，食慾也很差，自認來日無多，心中感到十分徬徨。想到無止無盡的輪迴，她不知道自己在六道輪迴裡，會到哪裡去？經過我們多方說服，她終於願意坐輪椅和我們一起上教會，雖然精神欠佳，聚會中也經常打盹，但已跨出很大的一步，漸漸地也願意教會的姊妹來探訪她，一起唱詩、一起禱告。

當主開始動工，一切有了改變，有一天媽媽竟然主動開口，說她要受洗信主。媽媽還一一打電話，告知慈濟的師姊們，說她要受洗了，一直有在繳交功德款的媽媽，真的下定決心轉換信仰了。而媽媽受洗信主後，神讓我們看見，祂給的滿滿祝福與恩典。原本非常糟糕的身體，竟然逐漸好轉到能正常步行，不再成天臥床休息。心裡被釋放了，身體也被釋放了，天父的恩典真的好大好大。她原本以為自己在七十二歲那年就會離開這個世界，沒想到她在那年受洗信主之後，身體竟好轉了，之後恢復到能回老家居住。

媽媽初期症狀持續了好幾年，爸爸過世之後，她失智的症狀很快進入了中期。爸爸還在時，她會留意外傭如何照顧爸爸，如今生活失去了重心，牽掛少了，心智也弱了。因為她的失智症狀加上原本的個性，照顧上並

不容易，所幸她有一位對她很有辦法的外傭，協助日常生活起居。

一開始她不願意承認她的能力正在失去，很多時候，許多事堅持要插手，她最愛倒洗衣精，經常倒得清洗很多次也仍泡沫一堆，她很堅持自己的衣服一定要自己倒。還有大熱天洗澡，一定要使用小太陽（冬天烘衣服用的），我們怕她中暑，才一收起來，她馬上又去找來用，她似乎分不出冷與熱，夏天和冬天的模式是一樣的。

曾經她把自己關在浴室裡兩個小時，又堅持不讓人協助，因為她忘了如何使用開關，已經分不清冷水熱水是哪一邊了。她每天要花很長時間洗澡，因為經常忘了步驟，最後不得不承認，自己需要協助。她像一個越來越小的孩子愛唱反調，不願主動配合任何事，只要是不想做的事，每次都要討價還價一番。我們努力讓她維持作息的正常，因為作息一混亂，她連自己吃過飯了沒，都忘了！白天若多睡了，半夜會起來吵，她最愛吵浣腸，因為自己大過便都忘了，一直擔心自己會便祕，浣腸讓她有安全感。

媽媽遺失了越來越多的記憶，原本愛嘮叨的她，越來越安靜了。一開始是人、事、時、地、物混在一起，

讓人搞不清楚她到底在說什麼，之後連這些也忘了，每天只吵固定的幾件事，一定要吵到有，不然不罷休！現在的她不是坐在馬桶上等大便，就是在床上睡覺，這是她日常中最愛做的兩件事。

看著媽媽，心中十分無奈也十分感嘆，因何簡單的日常生活，竟是如此模樣？阿茲海默症是大腦退化，也是一段不可逆的過程，媽媽就按著這些分期症狀，持續退化，我們知道終究有一天，她連我們都不認得，只剩下一具空洞的軀體。我們求神憐憫她，在這段路程中，不要太辛苦，而我們也有能力來面對這一切。

從媽媽的身上我發現，一個人到了離開人世之前，能清楚看到自己的人生拼圖是什麼模樣，是多麼幸運的事啊！我們從孩子的成長看見我們的過去，也從父母的衰弱看見我們的未來，而我們從中學會如何同理每一個階段的人，由理解、接受到釋懷，有時要花很長的時間才能做到。人生的每個階段，都需要親身經歷並克服困難，而且人生很難盡如人意。年輕時是時間不夠用，年老時是時間太多不知怎麼用！而人生的開始和結束竟是如此相似，人的老年竟是逐漸退回嬰幼兒階段，凡事依賴他人的照顧。

造物主的愛

每對父母都是造物主「愛」的「託付」，父母和孩子互為守護天使。孩子小時，父母守護孩子，父母老了，孩子來守護父母。聖經所講的愛就是親子間「犧牲的愛」，天父愛我們是不計代價的，是不離棄的愛。「愛是恆久忍耐，又有恩慈，愛是不嫉妒，愛是不自誇，不張狂，不作害羞的事，不求自己的益處，不輕易發怒，不計算人的惡，不喜歡不義，只喜歡真理。凡事包容，凡事相信，凡事盼望，凡事忍耐，愛是永不止息。」這是愛的真諦，是人世間最偉大地愛的情操。

「**如今常存的有信、有望、有愛這三樣，其中最大的是愛。**」（哥林多前書十三章 13 節）保羅認為做任何事都應該本著愛心的緣故去行。否則一個人有再大的能力，再多的善行，缺乏了真心，都算不了什麼了。耶穌要上十字架之前，對門徒說：「**我賜給你們一條新命令，乃是叫你們彼此相愛，我怎樣愛你們，你們也要怎樣相愛，你們若有彼此相愛的心，眾人因此就認出你們是我的門徒了。**」（約翰福音十三章34-35節）基督徒的生活，顯出彼此相愛的重要性。彼此是相互間的關係，是有溝

通有互相往來且密切合作的關係。當生命即將終結時，人要的不是被東西包圍，而是被人包圍，被我們所愛的人與和我們有關係的人。在人生的最後一刻，我們都了解，關係才是人生的全部。世界上最令人傷心的事，就是等到年老之時，回首過去的人生，除了後悔自己當初所做的，惋惜自己沒有做之外，其他什麼回憶都沒有。

　　媽媽年老才信主，總可惜她信主太晚！以她年輕時熱心助人的個性又有良好的閱讀習慣。如果早年信主，她的人生必定完全不同，聖經的教導可以幫助人過更好的生活，更豐富的人生，而她花了數十年誦唸連自己也不明白含意的佛經（因為是梵語），花了一生的力氣在還「做債」，還有一再避免仍一再犯的「口業」，不斷誦經就是為了消除累世的「業障」，如果她把這些力氣用來活出基督生命，將會活出更有意義的人生。聖經看起來是厚厚的一大本，但其中話語是我們能懂的，更有許多人生智慧在其中，是一本值得讀一輩子的書，即使一讀再讀仍有不同領會，更具體的是，聖靈會在各方面幫助我們，屬靈的恩賜更是能讓自己和他人都同蒙益處。每個人都有一套人生的拼圖，有人完成了，有人遺落了！人生是為了明白自己因何而來，為了了解神的藍圖而來，

因此在找尋人生拼圖的過程中，需要神的引領，不是每個人都有機會看見全貌，要看見精彩豐富的人生，需要勇氣去經歷。記得我們小時候喜歡玩一種尋寶遊戲，尋寶圖是由我們來畫，由別人來走，因為我們是設計者，早已知道了答案。而神是一切的創造者，祂早已知道一切的答案。當我們走在這條人生路的時候，從我們的生命歷程來看，由神帶領和不由神帶領的時候，差別是很大的。神的靈會個別的引導我們，常常以獨特、有創意的方法，帶領我們。但我們必須願意活在聖潔的基礎上，這代表我們的思想與神的話語一致。

人生在世是一場考驗，神不斷在試驗人的品格、信心、順服、愛心、正直及忠誠，而生命中有無數的試煉、引誘、熬煉、考驗。經過這些考驗，品格就能夠被塑造及顯明出來，而整個人生就是一場考驗，今生的行為要成為來生的終局。當我們將生命交給神，祂就把是非觀放在我們的良知深處。但是如果我們違背良知太多次，心腸就會變得剛硬，這時就需要讓神來柔軟我們的心，好讓我們的靈可以敏銳於聖靈的引導。「**我也要賜給你們一個新心，將新靈放在你們裡面，又從你們的肉體中除掉石心，賜給你們肉心。**」（以西結書三十六章 26 節）

我們透過靈來和神溝通。我們的靈可以直覺地感知神的同在，特別是在有更好的方法來做事的時候，也可以直覺地領受祂的啟示。理性只能接收來自大腦的知識，但是靈卻能接收更深層的「內在意會」，有些事情我們之所以知道，是因為我們曾經學過，但是也有些事情，雖然我們不曾學過，卻因為聖靈透過我們的靈傳達給我們，所以我們可以知道。以我個人經驗，聖靈幾乎都會在需要知道時，先讓我心裡有準備，保護我免受傷害。

「信就是所望之事的實底，是未見之事的確據。」（希伯來書十一章 1 節）

信心，是對所盼望的事有把握，對看不見的事有確據。神很重視人對祂的信心，信心蒙神喜悅，而順服蒙受恩典。當一個人有神的靈在身上時，便能做憑自己做不到的事。成為原本無法成為的人，說出不可能憑人意說出的話。神的靈不但是力量的來源，也是神蹟的源頭。

綺麗的人生拼圖

我已將自己奉獻給神，我的使命是喚醒人們的良知，跟隨神的腳步，擁有更好的人生。使人們可以知道天父的

慈愛，耶穌基督的恩典和聖靈的交通與同在。我要學習生活在神的面前，而不是在人的面前，即使沒有人知道，也要做好每一件神吩咐我的小事。我經常宣告：「我接受聖靈的引導，在我的有生之年，都受聖靈所引導和帶領，神會在我生命中，天天引領我，並且賜給我需要的答案。」

　　神真是奇妙的神，祂不要我一下知道全部，那也沒有必要，祂只把我目前的需要告訴我，且只回答我禱告所詢問的事。神常用夢境對我說話，有一回，我向神禱告：「我寫的書，已經完成了，但是我似乎受到撒但在信心上的攪擾，求主保守我，斥責撒但遠遠地離開我！」

　　當夜我做了夢，夢見自己在一輛公車上，只要付半價車資就能有全價服務，我不知自己是什麼特殊身分，反正我就是只需付半價。我說可以付全價，竟也被拒絕，只好欣然接受。這輛車子的配備真奇妙，不是安全帶，扣在我身上的是一個堅固的保護架，安全地包圍著我，而我看看周圍乘客，並沒有這樣，感到十分新奇。夢醒之後，知道是神在告訴我，祂就是那堅固的保護架，會安全地包圍著我，不受傷害，而那只付半價就能有全價服務的特殊待遇，是何其恩典！有神真好！我願意在聖經的話語與聖靈的能力帶領下，盡力完成屬於我的人生拼圖，那會是一幅又美又好的錦繡，出自神的手筆！

第 9 篇

苦難中看見恩典

爸爸近來狀況不佳，醫生預告要有心裡準備，我們決定
為爸爸的信仰同心合一的禱告，求主的救恩臨到，引領
爸爸認識主，領受主恩的美好。到了第六天
的禱告，我看見現在模樣的爸爸，他站立在
房間，一道光（不是日光燈）從他的頭頂上
照下來。爸爸的救恩臨到了，主給了我信心
的憑證，祂既然光照了爸爸，就會救他脫離
兇惡，神是信實的，相信就會看見，我的
內心雀躍不已！

疏離的父女關係

我小時候，經常躲著爸爸，怕他又叫我做事，我很怕他，因為我總是笨手笨腳的，常惹得他不高興，他對我的態度是「否定的多，肯定的少。」爸爸的言語犀利，經常傷到人而不自知，他的自信和我的自卑是很大的反差。爸爸和那個年代的許多父親一樣，不擅長表達一個父親的愛。他很少和我們說話，我們也很少和他說話，很多時候，我們透過媽媽來表達我們的意見。

在我們心目中，爸爸是一個十分有主見，不太接受他人意見的人，他是絕對的權威不容挑戰，他的話像聖旨一般，我們很少違逆他。我們不了解他，也不知道他了不了解我們，爸爸很少管教我們，挨打通常是挨媽媽的打。

這個不打人的角色，因為親近不夠，溝通不夠，關係不夠，總讓我們覺得他心裡的距離很遠，要用言語和他溝通是一件困難的事。甚至覺得他對我的愛很少，而我對他的愛也很少，總是將他否定我的言語牢牢記在心裡，漸漸成了一種「恨意」，我們的親子關係疏離，總覺得爸爸並不愛我，自從我認識了天上的爸爸，我和天

父的關係遠比生父來得好，生父參與我的生命歷程遠不及天父來得多，生父在我生命裡的記憶實在不多。雖然我已經有了天父滿滿的愛，對於父愛已不匱乏，也不缺憾，但是天父仍然給了我們機會，領略生父的愛。

幾年前，爸爸病倒了，體重從七十公斤直線下降至五十公斤以下，他的主治醫生甚至懷疑他是否罹患癌症，藥物的副作用很少像他這樣厲害的，食不下嚥是主因。虛弱的身體，逐漸失去生活能力，連他本人也說起「活不了多久」這樣的喪氣話。身為子女的我們萬分焦急，卻一籌莫展，我們看著爸爸急速衰老，驚覺原來人並不是漸漸地老去，凋零是如此地迅速。我們開始珍惜和爸爸相處的時光，希望在回憶裡有個他。

記得爸爸第一次因病住院，那時他還算硬朗，甚至不讓我們扶他，年輕時是體育健將，一直保持著很好的運動習慣。七十五歲到澳門玩，大家還誇他體力不錯，看來比實際年齡年輕，心中滿是驕傲。沒想到在短短的時間內，他現在是個以輪椅代步的老人了，腦子也時而清楚時而不清楚。第一次能和爸爸坐下來閒聊，第一次感覺我們親子間的距離是這麼近，忍不住呼求：「神啊！請多給我一點時間，我的爸爸才剛剛領略，如何愛人和

被愛。」他不再排斥我們為他禱告，但一直有著祭拜祖先的心理壓力，爸爸在我們一一受洗信主之後，仍然堅持著要拜到他死為止。

爸爸七歲時過繼給叔父當養子，為了繼承叔父的香火，他開始住在叔父家，即使叔父過世，也必須和不疼愛他的嬸母一起生活，而不能回到對面的生父生母家。有時他想領受一下家庭溫暖，但祖父會趕他快點回家，這些事我以前常聽祖母提起，她心疼自己的孩子被打，自己不打孩子的，卻讓與她不和睦的妯娌來打，心中自是心痛萬分。如今從爸爸的口中說起自己的童年，彷彿見到那個缺乏隸屬感的小男孩，令人想要疼惜地抱抱他。爸爸只是輕描淡寫描述他的嬸母：「那個人不好，沒肚量！」聽起來沒有怨也沒有恨，以前他很討厭人家在他面前提起他的嬸母，當時我不知何故，現在我明白了，怨恨如果沒有化解，永遠都在，一旦化解就永遠消失了。

陪伴父親走人生最後一段路程，不是容易的事，我們既希望他能更好，也希望他少受折磨，但事實很難兩全。我們姊妹開始為爸爸受洗信主禱告，希望他也能有永生的盼望。這一年對爸爸來說是很不容易的一年，除了病痛纏身之外，他還接連失去了兩個手足，一個是姊

姊，一個是妹妹。爸爸家族有糖尿病的遺傳，七個兄弟姊妹全部都有，目前只剩三個了。

面臨死亡的恐懼

爸爸雖然給叔父當養子，但在他十八歲，孀母改嫁之後，他又和原生家庭密切往來，在父親過世後和弟弟妹妹相依為命，因此三人感情深厚。二姑媽年事已高，過世較不意外。四姑媽則是因為踩在磅秤上滑倒，顱內大量出血，經搶救無效，意外過世。爸爸出席喪禮，老淚縱橫，那是我第一次看見爸爸流淚，他一向是很堅強的人。

四姑媽的過世給爸爸不小的打擊，有一天他問我們，你們以後死了都在一起了，我要去哪裡？這是我們很難啟齒的問題，每個人都知道生命終究會有終點，但很多人不願面對，包含我們姊妹四人，告別很不容易，歡送就更困難了。身為基督徒，我們很清楚，地上少了一個人，天堂多了一個人，那是要歡喜快樂的，到一個更好的地方，誰不開心呢？對於一個沒有信仰的人來說，面臨死亡是充滿恐懼憂慮的，我在爸爸的臉上看到這樣的

面容，我們知道他充滿心事，卻是欲言又止，最後他終於鬆口，願意在臨終前受洗，這給了我們很大的鼓舞。

　　爸爸對於來探訪的牧師仍有戒心，總說他需要心理準備，不要給他壓力。我們知道爸爸的身體，在短短時間內兵敗如山倒，情況每況愈下，令人十分不捨！他自認是一個理性的無神論者，他會在祭拜祖先時亂開玩笑，表示他的不信，他只拜祖先，不拜佛像，那是我敬虔的媽媽在拜的。他牢記自己的過繼，是為了敬拜祖先。我們為爸爸的身體擔憂，也為他的信仰擔憂，我們擔心像四姑媽一樣，讓我們措手不及，來不及引領他歸入主的門下，就已離我們而去，那將會是好大的遺憾！

神的光臨到了

　　爸爸近來狀況不佳，醫生預告要有心裡準備，我們決定為爸爸的信仰同心合一地禱告，求主的救恩臨到，引領爸爸認識主，領受主恩的美好。我在第一天的禱告裡，看見（閉著眼睛卻浮現影像）一個令人好心疼的小男孩，我直覺那是小時候的爸爸，我在禱告中哭了起來，是因為心疼那個無助的孩子；連續幾天為爸爸的禱告裡，

看見的影像是爸爸青壯年時期自信的臉上意氣風發，是我們小時候，他那讓人又敬又畏的樣子；到了第六天的禱告，我看見現在模樣的爸爸，他站立在房間，一道光（不是日光燈）從他的頭頂上照下來。爸爸的救恩臨到了，主給了我信心的憑證，祂既然光照了爸爸，就會救他脫離兇惡，神是信實的，相信就會看見，我的內心雀躍不已！

那個週末在家裡舉行了一個家庭禮拜，爸爸不肯去教會，但是在家唱詩、分享福音、牽手禱告，他卻是願意的。我們圍繞在爸爸身旁，談天說笑，我告訴他，天堂就像這樣，每個人都真心相愛，在那裡我們有同一個共同的天父，我們全成了弟兄姊妹，快樂歡喜地生活在一起，永遠不分開了。當我們從這個世界要離開，天使會來迎接我們前往要去的地方，那裡每個人都會回到神最初造我們的樣子，我們會換上純潔的白衣裳，在天堂自由自在地生活著。我們把已經衰敗、充滿病痛的肉體，留在世上化為塵土，只有純淨的靈能上天堂。

「除祂以外別無拯救，因為在天下人間，沒有賜下別的名，我們可以靠著得救。」（使徒行傳四章 12 節）唯有藉著耶穌的救贖，才能取得通往天堂的通行證，而

成為基督徒的第一步是決志信主，口裡承認，心裡相信，讓基督成為救主，在祂的殿（我們的身體）作王掌權。第二步是除去所有過犯，用耶穌寶血遮蓋一切，不論是身體或心靈曾經犯過的罪，唯有認錯悔改，才有救贖。第三步是受洗成為基督徒，當牧師以聖父、聖子、聖靈為我們施洗，頭上就有了得救的印記，且會寫入生命冊上，才能成為天國的子民。第四步則是要成為新造的人，用全新的生命過基督徒的生活。

爸爸說他明白我所說的，當我邀請他開口，由我來帶領他作決志禱告，爸爸竟然沒有再推托，爽快地答應了，那真是個美好的一天，順利的出乎所料！「你們祈求，就給你們，尋找就尋見，叩門就給你們開門。」（馬太福音七章 7 節）姊妹們同心合一地禱告，看見了成效，神的法則和人不同，一加一肯定是大於二的。

爸爸決志之後，我們希望他能受洗，一開始他說要和我的叔叔——他最親近的弟弟一起受洗，他確實是希望弟弟也能在天堂為伴，妹妹已經先走來不及了。他說要說服弟弟一起來受洗信主，後來發現這不是一件容易的事，才打消了念頭，願意我們安排牧師來家裡為他施洗。那一天他很高興地說：「以後我們都在一起了！」

是的，主內一家是再美滿不過的事了。

經歷主恩的奇妙

　　受洗不久，爸爸說他想換醫生來診治他的病。這位胸腔科的醫生已診治爸爸肺部疾病二十多年了，爸爸一直很信任他，沒想到他竟然想換醫生。要換醫生，我們姊妹心中很是忐忑，畢竟要建立互信的醫病關係並不容易。妹妹在網路上搜尋醫生訊息，腦海裡出現了一句話「兩個人總比一個人好」，且這句話重複了幾次，讓她忍不住思考起這句聖經上的話語究竟有何含義。「**兩個人總比一個人好，因為兩個人合作效果更好。**」（傳道書四章 9 節）

　　這段話把我妹妹弄糊塗了，如何同時看兩個胸腔科醫生呢？後來她仔細地看了醫生的名字，爸爸原來的醫生，名字有個「人」字，而現在要看的這個醫生，名字有個「仁」字。「人」和「仁」確實是「一個人」和「兩個人」，後來發現，兩位醫生以不同的病因醫治爸爸的肺部疾病，「兩個人」的醫生穩住了爸爸的病情。

　　爸爸的病情穩定後，我們決定除去家中的偶像，和

牧師約好了除偶像的日期，爸爸的身子開始起疹子，皮膚科判斷是「藥物過敏」，服了藥物不見成效，反而越長越多，有位醫生甚至認為是「紅皮症」，是一種免疫系統自我攻擊的毛病，十分棘手。因為爸爸的紅疹長得真徹底，從頭皮到腳底全身長遍了，又紅又腫，所幸不癢。後來開始停藥抓過敏原，皮膚科建議切片檢驗，但是爸爸當時血糖偏高，怕傷口癒合不易，「兩個人」的胸腔科醫生建議先不急著切片，再等等。疹子從出現到消失，整整折騰了兩個星期，這其間妹妹原想把除偶像的事延一延，後來我們憑信心，如期將偶像除去。

爸爸這段時間的皮膚症狀，像是一種攪擾，畢竟家中供的偶像也是頗有來頭，曾是一個算命師所供奉的千手觀音。那一天，我們在牧師的協助之下，順利的將偶像及祖先牌位清除，說實在的，除去偶像心裡沒有覺得什麼，對祖先牌位是有一絲絲的不捨，畢竟是自己的親人。爸爸的紅疹也逐漸退去了，所幸只是虛驚一場。

主的同在與醫治

過了許久，有一天爸爸在夜裡跌倒，扶他回床上睡

覺，第二天早上卻怎麼也起不來，我們不知他究竟傷在哪裡，但只要移動身體就喊痛，大家慌了不知該如何是好，最後只好請救護車用擔架送往醫院救治。

在急診室裡，醫生為爸爸的身體照了 X 光片，並沒有骨折的現象。但是爸爸就是喊痛，只要移動身體就痛地哇哇叫，爸爸留在急診室觀察，住院未達標準，帶回家也不知如何看護，就在此時，腦神經內科醫生從腦部斷層掃描發現，顱內有積水的情形，爸爸的步伐不穩，語言表達能力變差，大小便失禁，記憶力衰退，是「常壓性水腦症」所造成的，必須進行腦內引流手術。醫生表示進行手術可減緩失智狀況，否則水積在腦內無法排出，壓迫腦神經細胞，失智情況會快速惡化。

爸爸目前確實是連親近的四個女兒，四個女婿，八個孫子的名字，有時想了好久也叫不出，我們真的好不願意，爸爸很快就認不得我們了！經過各科醫生會診，開刀需要全身麻醉，爸爸的肺部功能不佳，全麻會先插管，確保萬一，開刀的風險高於一般人，我們家屬陷入了兩難。所幸我們有主，祂會保守我們的一切。在胸腔科醫生也同意之下，爸爸確定進行手術，為了爸爸的手術，我們請了很多主內弟兄姊妹代禱，牧師也多次來看

爸爸為他禱告，我們祈求耶穌陪伴爸爸一起進手術房。

　　爸爸排的是第一台刀，我們到病房為爸爸禱告，聖經一翻開就是「**神就是光，在他毫無黑暗。這是我們從主所聽見，又報給你們的信息。**」（約翰一書一章 5 節）在爸爸進手術室前，我告訴他這節經文的意思，再次向他強調，我曾看見有光從他頭上照下來的事，他說他記得。我說：「光進來了，黑暗就退去了。」他說：「是。」我告訴他，主的救恩臨到了，主耶穌會陪著他進手術室，我們會在外面為他禱告。

　　看著病床進入手術室，我和妹妹們或禱告或閒聊，神的應許給了我們很大的安慰。手術時間預計兩個小時，當螢幕上的跑馬燈在兩個半小時之後仍顯示「手術中」時，心中開始有些慌張起來，妹妹開始跑廁所，握在一起的手也開始冰涼起來，這時候除了禱告還是禱告。三個小時以後螢幕顯示「恢復中」，我們稍稍鬆了一口氣，互相嘲笑彼此的信心仍不足夠，三個半小時之後，爸爸清醒地被推了出來，用好久沒聽過的宏亮聲音說：「睡得好飽！」這一天的爸爸真的睡足了飽覺，精神十分好地叫出所有來看他的人。那天臨走前，我們和他提及兩年前的澳門行（家族旅遊），他一直念念不忘，我說再

來的目標是上海，爸爸還加碼了北京。昨日的他已退步到只會回答「好」或「不好」的是非題，今天則進步到了簡答題，爸爸手術後的進步，真是令人驚訝！

「**我到世上來，乃是光，叫凡信我的，不住在黑暗裡。**」（約翰福音十二章 46 節）我們心中有無數的「阿們！」

爸爸可以出院了，手術是成功的，功能有些許回復，語言表達能力進步最多，說話流暢多了，不再想半天也找不到語彙可用，幾乎凡問必答，雖然答案不一定對。他對時間、空間、數字的理解是有困難的，出錯率很高，但是會用語言表達抗議了。他很討厭一種輔助肺泡擴張的輔具，護士小姐要他每天吸一百次，他竟回答：「吸一千次好不好？」我們的爸爸成了一個可愛的爸爸，有時也會開玩笑。最經典的一次是「媽媽有潔癖他有放屁」，意思是他把媽媽的潔癖當作放屁，根本不理睬，爸爸的腦袋顯然有在運轉了，雖然他仍喜歡睡覺，但現在清醒的時間顯然比較多了。

爸爸出院後，因無法自行排尿，需隨身帶著尿袋，泌尿科醫生表示，爸爸的攝護腺已腫大到影響排尿功能，如果要改善這個問題，必須開刀，切除部分攝護腺，醫

生認為是小刀，半身麻醉就可以了。一個月內開兩次刀，我們不知該怎麼辦才好，爸爸卻表示該開就開。原本已安排要住院排刀了，妹妹卻在走道上偶遇「兩個人」的胸腔科醫生。他很驚訝爸爸要開刀，雖是小刀，但若麻醉要全麻，他不建議，因為全麻要先插管，為了除去尿管，插管拿不下來，狀況更糟。

有了「兩個人」醫生的提醒，妹妹再去向麻醉師確認，得到的答案是，不確定是半麻或全麻，要視病人情況而定，妹妹當下決定暫緩，不辦理住院了。對的事也要在對的時間點做才會是對的，我們相信神的成就或攔阻都有祂的美意。

難忘的一夜

那是一個今生都不會忘記的夜晚，那天晚上，大家聚在爸爸的房間裡聊天，我們說起在天堂裡的景況就是這樣，唱詩歌之後，我竟然自告奮勇帶領禱告，以往我因悟性禱告缺乏操練，說不了幾句而羞於開口，國語禱告就不行了，更何況是閩南語，但那夜我全程用閩南語為爸爸禱告，而且還說得很順暢，且出乎意料之外地長，

我真驚訝自己能想出這麼多語彙，就是希望爸爸能聽懂，接著妹妹們也接著禱告，妹婿、媽媽也加入了。

媽媽還在禱告中哭了起來，她為自己過往許多令人困擾的問題表示願意改進，這是在許多次家庭聚會中她第一次這樣。我相信神的救恩已經臨到她了，她事後也說，不知因何哭，就是一個感動讓她說了那些話。之後我鼓勵大家把對彼此的愛大聲地說出來，這件事可難倒了爸爸，他說他心裡是這樣想，但是說不出口，他們那一輩的人，確實是愛在心裡口難開啊！為了引誘他開口，大家要耍寶來逗他開心，氣氛很熱絡，但總缺臨門一腳。

我靈光一閃，說：「不要把愛看得那樣嚴肅，愛是關心，愛是了解，愛是一種表達的方式。」我把爸爸從椅子上扶起來，擁抱他說：「爸爸我愛你！」爸爸也回答：「我愛你！」接著每個人都和爸爸擁抱，並說出對爸爸的愛，一切真是令人難以置信，因為主內一家，我們成了很有愛的一家人。

我的爸媽雖然是自由戀愛結婚的，但兩個人個性都很強，誰也不讓誰，因此常有言語上的爭執，我們在爸媽無數的爭吵中長大。他們其實是彼此相愛的，但話在口中，總成了無數傷人的箭，兩敗俱傷的兩人，經常在

數算自己的傷口。直到媽媽、爸爸先後受洗之後，兩人
關係才漸漸有了改善，現在爸爸很依賴媽媽，因為媽媽
是最留意爸爸需要的人，雖然爸爸在病了之後，有外傭
協助照顧，但是夫妻兩人因為有共同話題，共同記憶，
而能彼此相依。

　　能看見爸爸和媽媽牽手同行，這在以往是不可能的
事，他們以前連坐火車也不坐同一個車廂，因為很容易
吵架，弄得不愉快！今日的景況，是我們未曾想過的畫
面，少年夫妻老來伴，這是最好的寫照，真是高興能有
這樣的今日。

　　爸爸八十歲了！因為嚴重的慢性阻塞性肺病，幾乎
失去了生活能力，所有日常生活起居全部仰賴外傭的照
顧，僅管疾病纏身，經常咳嗽不止，但他很認命也很忍
耐，即使住院也很配合治療，不曾聽他有所抱怨，總是
默默地忍受病痛。我們心疼他，喜歡逗他開心，經常家
庭聚會也會邀上叔叔一家人。今年年初，三姑媽也過世
了，現在只剩下爸爸和他最親的弟弟了。去年父親節，
兩家人一起慶祝父親節，叔叔坐在爸爸旁邊為他剝蝦子，
那兄弟情深的模樣令人動容。而這回母親節團聚，爸爸
已裝上鼻胃管，他對任何的食物都失去了興趣，他不喜

歡身上的鼻胃管，但這是維生工具缺它不可。

死亡預告

　　過後不久，是爸爸最後一次住院，在回去看他的那一天清晨，做了一個奇怪的夢，一張大長桌，妹妹們和媽媽圍在桌旁正在討論聘外傭的事，我心裡想著外傭期滿回鄉休假，有續約會再回來啊！為什麼還要討論外傭的問題？夢醒的第一個念頭：「外傭恐怕是回不來了！」我百思不得其解，卻總覺得這個夢兆像個預告，回去之後也告知了妹妹們。

　　爸爸再次肺炎住院，因為沒有力氣咳痰，開始抽痰了，但是他很抗拒抽痰，大半夜他自己拔掉鼻胃管，也拔掉手上的點滴，吵著要回家，一整夜都沒有睡。當他看見我出現，很高興地對我說：「沒想到是你來醫院接我回去，你快去幫我拿鞋子，我們趕快走，這裡的人全是詐騙集團的人，我們趕快回去！」

　　爸爸開始出現譫妄的情況，一直以為他所想像出來的事情是真的，反覆地說他要回家。第二天再去看他，看護說他昨晚又沒睡，已經連續兩個晚上了，他的手戴

上了手套，因為他又拔了鼻胃管，且不讓護士抽痰，會
用手拍打護士，所以手被套起來了。抗生素的點滴打在
腳掌上，他看起來很累，但是無法入睡。

　　這回住院很反常，以前住院都很配合。他是這回住
院才開始抽痰，因此充滿恐懼，時時想要逃離醫院，抽
痰實在令人心疼，每回看爸爸抽痰，妹妹都背著擦眼淚，
這個必要之惡，再再令我們心痛難當。身為基督徒，我
們有永生的盼望，但是面對考驗，我們仍然不免軟弱。

　　陪伴爸爸的過程，我們姊妹無數次地聚在一起，討
論爸爸病況的處理原則，依賴抽痰令我們心生不忍，但
他目前的情況只能這樣。隔壁床的中風十年了，夜夜呻
吟無法入睡，對床的是植物人，照顧七年了，醫院來來
回回，要救到最後一刻。現代人帶病延壽，是灌水的長
壽，有很長時間是在病床上渡過的。我們面對著最艱難
的人性考驗，放下捨不得，情感難割捨，雖然我們已經
簽了放棄急救同意書，但是我們真的準備好了嗎？

　　從爸爸罹病開始，我們已經做了很久的心理準備，
我們珍惜神又多給了幾年的時間，讓我們有機會和爸爸
建立更深的情感，讓每一段回憶都很甘甜。在這期間，
我和爸爸聊了他生命中的每一個階段，對於年輕時的有

些作為感到後悔，也規勸我們不要重蹈覆轍，感謝神，讓我對我的爸爸能有更深的了解。

爸爸最後一次住院待了約二十天，經常沉睡兩日，又兩日不睡，他在不能入睡的時候，就會不斷吵重複的事，思緒已經混亂，分不清事實和想像了。有回要人幫他找錢，但他身上根本沒有錢，吵許多奇怪的事，這回真的很反常。最後一次到醫院看他，又是連兩晚沒睡了，我知道住院的這些日子來，他真的好累了，我像哄小孩一樣，用手來回撫摸他的額頭和眼睛，要他閉眼休息。我說：「爸爸你好累了，需要休息，眼睛閉一下！」我在他的耳邊反覆唱著《奇異恩典》，爸爸像個幼兒一般地閉上眼，我忽然覺得人的幼年和老年竟是如此相似！

爸爸終於可以出院了，辦理出院手續時，他坐在輪椅上打盹，心裡是愉悅的，因為他終於可以回家了。此時他已經完全倚賴抽痰，還有些許地喘，像打了一場硬戰一般累翻了，回到家終於可以安心睡覺了。因此每天的睡眠時間都很長，但是呼喚他時會有回應。爸爸抽痰才一個月，我們以為這只是開始，還有一段長期抗戰。姊妹們每年都有安排出國自由行的計畫，大家輪流出去，但也總帶著一顆忐忑的心，擔心爸爸有狀況。

　　我和孩子剛剛自由行回來，休息了一天，隔天的凌晨，接到催促返家的電話，「爸爸有狀況，大家快回來！」我慌亂地抓了幾件衣服就直奔家裡，開車返家的路上，我一路禱告祈求主，要讓我來得及見父親一面，心裡不斷地吶喊著：「爸爸，你一定要等我！」第一次感覺時間如此緊迫，歸心似箭。爸爸出院返家才短短十天，前一晚感覺有些喘，抽到的痰量不多，不料凌晨四點多，狀況急轉直下，牧師已經來作臨終禱告，爸爸陷入彌留狀態，變得很平靜，彷彿只是睡著了，但是他仍在等著我。

　　我在七點三十五分踏入家門，到床邊呼喚爸爸：「我回來了！」爸爸聽見我的聲音，勉強用口形回應我，眼角掛著一滴淚，我輕輕拭去他眼角的淚水，不斷對他說話，也不斷為他禱告，最後唱起《奇異恩典》。七點五十分，妹妹說：「爸爸走了！」他的手已經失去了血色，也感覺不到呼吸了，爸爸走得平靜安詳，我們甚至不知道，他何時嚥下最後一口氣。聖經上說，神造人，吹進一口氣，人就成了有靈的活人，聖經也形容人「死了」稱為「睡了」，爸爸現在的模樣，真的像是「睡了」，因為一口氣沒了，他的靈離開了肉體，把這會朽壞的身

體遺留在這個世界，而他的靈被天父接走了。

　　雖然爸爸走了但我們知道他的聽覺仍在，我們噙著淚水，圍在他身邊反覆唱著詩歌。「我們相約在主裡，共同生活，常相憶，我們相約在主裡，將來有一天要再歡聚……」

　　這是耶和華所定的日子！我很感謝主的保守，一路暢行，讓我如願見到父親最後一面。我們也很感謝爸爸在家裡臨終，讓我們四個女兒有機會幫他淨身，猶能感覺到他身體的餘溫，我們幫爸爸翻身，那感覺猶如生前一樣，他的身體仍是柔軟的，只有手腳是冰冷發白的，缺少了平日熟悉的呼吸聲。我們的爸爸走了，但是一切好不真實。當葬儀社的人員將父親的遺體裝在袋子裡包裹完成送出家門，一切的不捨在這一刻完全潰堤。

　　我閉上眼睛卻看到爸爸五十多歲時健壯爽朗的身影，正微笑地對著我，像是在向我們道別，要我們放心，也讓我們知道，他雖然已經離開了破敗的身體，但卻回復到他健康時的模樣，英氣煥發，神清氣爽。

　　火化禮拜則是令人痛徹心扉的一段歷程，爸爸的遺容十分俊美，我們輕撫他的臉龐做最後的告別。當火化禮拜結束，推入火葬場，關上門的那一刹那，像撕裂心

肺一般，骨與肉就此真正的分離了，椎心刺骨的疼痛瞬
間襲來，悲傷不足以形容這種感覺。

基督徒的告別式

　　基督徒的喪禮十分簡單卻很隆重，我們不需要看時
辰看日子，送別最重要的是滿滿的祝福。我們決定回到
老家，爸爸的出生地，為他舉辦告別式，這是他在病中
心心念念想回去的地方。叔叔提供了寬敞的住家作為告
別式場地，預估能坐得下八十人，因為要在比較短的時
間內完成，訃聞僅發給少數親友。因為時間緊迫來不及
連絡，直到告別式會場佈置完成，家鄉的鄰舍好友才知
道爸爸過世的消息。因為是在週間舉行，預估能來參加
的人數會比假日少，沒想到爸爸的人緣竟是這樣的好，
會場爆棚，來了一百多個人，好些鄰舍親友自動坐在住
家門外的棚子，忍受酷熱的暑氣。

　　自從爸爸走後，吃不下，睡不好，日子過得渾渾噩
噩，心像被掏空了一般，身為長女，我代表家屬致故人
略歷。在擬稿時，我有參考了一些制式範例，但總覺得
無法描繪出父親清楚的輪廓，要在短短一篇文章中述說

一個人的一生，實在十分不易，不知從何下筆。爸爸剛走還沉浸在深深的悲痛中，沒有足夠的睡眠，讓我頭昏腦漲，我只能向神支取能力，祈求能讓我具體傳達出我們的父親，且能引起在場眾人的共鳴。爸爸一定會到場參加自己的告別禮拜，他要和每一個愛他的人告別。我做了睡前禱告。第二天凌晨，振筆疾書一氣呵成，完成了故人略歷，終於趕上在付印前交件。

滿滿的祝福

告別禮拜當天，其實我的腦子一片空白，寫好的稿子一直記不起來，沒有人知道我的憂慮，因為稿子已經擬好許多天了。大家擔心我會在台上泣不成聲，無法讀完整篇故人略歷，這也是我擔憂的事。上台前我不斷禱告呼求「聖靈」幫助我，讓我能完成任務！我一向最不喜歡只是看稿唸出文字，覺得那樣缺少和與會的人情感上的交流，因此我很努力順稿，盡量自然一點，當輪到我上台時，原本緊張的我，竟然不再緊張了。最奇妙的是，我會在段落中穿插父親生前與親人間相處的生活點滴，這部分是隨機加進來的，並沒有預先練習，卻穿插

得很順！

「爸爸從不被小事陷於框架之中，是個熱愛自由的勇士，一生豁達灑脫，聰明睿智，是個有智慧的人，年輕時個性嚴肅拘謹，如今變為柔軟慈祥，成為一個更令人容易親近的好爸爸、好爺爺，因為信仰的力量改變了他，知足常樂的他，不再看重外表的一切，享受天倫之樂，讓他好滿足，常說今生無憾了……」、「人生有限，一轉眼八十年就這樣過去了。『親愛的劉老師』放心地回天家了，而仍留在世上的親人，也安心地繼續未來的人生，沒有什麼比心裡有平安更重要的事了，全能的上帝給了我們平安」、「親愛的劉老師，你滿意我如此地描繪你嗎？你也看見了，在聚會中為你頻頻拭淚的親友了嗎？你看見為你編輯的影片回顧，看見那被愛大大包圍的你，你滿意嗎？」

我們用詩歌、頌詞、禱告、祝福來送別我們的父親。那是一個讓許多人難忘的告別式，尤其是未信主的人，他們很驚訝這是一個真正以死者為主的喪禮，相聚在一起的人，全是心懷感念的至親好友，大家在追悼中有著滿滿的祝福。

「生者得安慰」、「逝者得祝福」，充滿神的平安

在其中，禮拜結束。十字架花束、遺照、骨灰，依序離開前往墓地安葬，我看了一下手錶，正好十一點整。一場沒有彩排的喪禮結束的如此準時，只能說這一切都是神的安排，是神所定的日子，包括那個時辰。「外傭為什麼回不來，因為阿公過世了！」而這個日子，在一個月前就已經預告了。

脫去肉體纏累的自由

妹妹們在告別式之後，如期地踏上旅程，阿公心愛的小外孫就要出發到歐洲參加手球比賽，而他竟然能有機會參加親愛阿公的喪禮。么妹一家去了澳洲，阿公也去了哦！因為兩個外孫女在同一天夢到阿公，神情愉悅，身體健康，是年輕時的健壯阿公，而在台灣的外孫女也在同一天夢到阿公帶她到超市買蛋捲。三個孫女在同一天夢見阿公，多麼不可思議啊！

阿公一直很滿意他的三個孫女和五個孫子，疼愛有加。阿公現在正享受著無比的自由與喜樂，想去哪就去哪，再也不受肉體的侷限，再也沒有任何阻礙，攔阻阿公無窮的好奇心。他是一個那麼喜愛自由的人，卻有三

年多的時間受限在一張小小的床上。之後所有夢見爸爸
的人，都是他年輕健壯時的模樣，而且都是笑容滿面。
有一回作夢，聽見一個人在說智慧的話，那言語吸引我
前去探個究竟，結果那人竟是爸爸，我拉著爸爸，一直
開心地叫著「爸爸！爸爸！」在夢中我不知道是否知道
爸爸已過世，但是我記得他那充滿信心開朗的容顏！

　　身為基督徒，知道父親往生後會歸回天父的家，讓
喪父後的我仍有盼望，期待天堂歡聚的日子。但是人的
肉體畢竟是軟弱的，爸爸是採樹葬的方式，就連骨頭也
磨成粉狀，裝在一個由區公所領來，像蛋捲紙盒般大小
的盒子裡，葬在故鄉公墓的樹葬區，我們為他選了一個
視野很好的位置。爸爸下葬後不久，每天下午下起午後
雷陣雨，而且雨勢甚大。那時我和妹妹，每逢下大雨就
會哭得很傷心。我們覺得爸爸真的消失不見了，紙盒禁
不起幾次大雨，爸爸曾經的存在，必定很快就消失得沒
有蹤跡。

　　我們都知道人一旦死了，靈離開了，留在世上會朽
壞的身體是無用的，但是一種無法言喻的不捨，伴著椎
心的痛，一次又一次難忍悲泣，一閉上眼睛浮現的，全
是對父親的記憶。最後一次住院他說了哪些話，有趣的，

令人心疼的；臨終、火化、埋葬，歷歷在目，一想起來就揪心，我們的淚水很多，思念也很多。

天使的撫慰

我們的生命歷程裡，正在經歷失去至親的傷痛，而我幾乎沒有能力走出這個傷痛。友人陪伴我去泡湯散心，一早醒來，我決定多留一天，而神差派了天使。我請飯店幫我預約了一個小姐到房間按摩，在按摩的時間裡，我們聊了很多。她說起和自己感情很好的公公在加護病房住了三個月，全身褥瘡，體無完膚地死亡。她很心疼公公死前所受的折磨，久久走不出來，後來公公在夢中告訴她：「不要哭了！我已經全都好了！不會再痛了！」之後，她才逐漸釋懷。她提到自己的爸爸，也是阻塞性肺病，她述說自己爸爸住院期間第一次被抽痰，痛地動手動腳打了護士，因為實在太痛了！她安慰我：「姊姊，你的爸爸這樣走是好的！他不必再承受無盡的痛苦折磨，是真正脫離病痛，離苦得樂了！」

按摩小姐離開後，心裡想著：「好奇妙，為什麼我要多住一天？是愛我的天父深知我的需要，差派了這樣

的天使來安慰我了！」我清楚看見神在我身上的奇妙作為！我在地上的爸爸雖然離開我了，但是天上的爸爸卻是永遠存在的，祂看顧我的一切，祂憐恤我，疼愛我，適時地伸出援手幫助我。

人的存在自有其存在的目的與價值，凡走過的必留下痕跡，而付出過的必定留下念記。我們開始經歷沒有父親的父親節、中秋節……我們正在經歷從喪父的悲傷中漸漸走過來的過程。我的爸爸已經在最好的年日離開，滿有上帝的恩典，神憐恤他的苦難，接他回天家了，因為日子滿了，如臨產的婦人，日子滿了就該把孩子生下來，這是不變的律！

自然的四季，猶如人生的四季，春、夏、秋、冬一個季節二十年，春季是發芽長葉，人也是快速生長的年紀；到了夏季，一個人最興旺的盛年，可能有酷暑的磨練，卻是最精壯的年紀；秋季是收穫的季節，但也是疾病漸漸找上門的年紀；冬季則是走向枯萎和凋零，就是將要開始經歷老與病的年紀了。基督徒有神陪伴我們走每一個階段的歷程，有祂的同在，即使在苦難中也能看見恩典。神是永遠看顧我們的！

第 *10* 篇

耶穌是怎樣的神

要認識基督信仰，首先要知道耶穌是怎樣的神。我們若要了解耶穌，就必須認識耶穌的本相，認識祂所有的特質，耶穌是明辨善惡的神、施行公義的神、賞罰分明的神、誠實聖潔的神。在耶穌裡，神的一切都以一種無法解釋的方式，集中在一個人類裡。所以耶穌是神，曾經短暫當過人。祂來是為了傳天國的福音，以及拯救失喪的人。耶穌用比喻教導人，最主要的目的，是刺激人的良心，使其自省並思想神，然後悔改。

死而復活的神

要認識基督信仰，首先要知道耶穌是怎樣的神。在福音書的耶穌祂曾經和我們有一樣的身體，需要休息，會飢餓和口渴，也可以感受到疼痛和不舒服。但是耶穌在靈與魂的表現上，無法被歸入任何人類的類別，而祂的門徒經過很長一段時間後才明白這一點。沒有人可以變成神。在耶穌裡，神的一切都以一種無法解釋的方式，集中在一個人類裡。所以耶穌是神，曾經短暫當過人。祂來是為了傳天國的福音，以及拯救失喪的人。

耶穌用比喻教導人，最主要的目的，是刺激人的良心，使其自省並思想神，然後悔改。舊約中的律法是藉由摩西傳的，而新約中的恩典和真理都是由耶穌基督來的。律法帶來命令，耶穌帶來邀請。全宇宙背後的道，人類一直追尋的意義，創造萬物的那一位，來到祂自己所造的世界中，使徒約翰說：「我們認識宇宙的奧祕，雖然我們不清楚整個宇宙背後如何運作，但是只要我們認識創造背後的那一位，就能知道一切的奧祕。」

「太初有道，道與神同在，道就是神。」（約翰福音一章1節）道與神同在，一切道理都在祂裡面。施洗

約翰用水為人施洗，耶穌用聖靈為人施洗。耶穌身上滿有聖靈，所以祂有能力分給人。祂來，不僅要除去罪孽，還要以聖靈充滿人。祂來，不僅要除去生命中所有的錯誤，也要以所有的美善充滿人。只把錯誤除去是沒有用的，還得用對的來取代。

耶穌說：「只等真理的聖靈來了，他要引導你們明白一切的真理；因為他不是憑自己說的，乃是把他所聽見的都說出來，並要把將來的事告訴你們。」（約翰福音十六章 13 節）這是耶穌被捕前所說的話，祂知道自己即將死亡。完整福音的三方面：「耶穌死了，埋葬了，又復活了」。若沒有「死裡復活」，耶穌終究只是一個人，但是在人不能的，在神凡事都能。耶穌能使埋葬四天的拉撒路復活，為了要證明「父啊！我感謝你，因為你已經聽我。我也知道你常聽我，但我說這話是為周圍站著的眾人，叫他們信是你差了我來。」

這是基督信仰最令人困惑的地方，耶穌死了，被埋葬了，又能復活，這是基督信仰不是宗教，最主要的原因。是因為聖靈至今一直都在，聖靈是神的靈，而祂是存在人世間，而不是人死後才能見的世界。而事實上，耶穌不但「死裡復活」，而且一直沒有離開，祂藉著聖

靈住在每一個願意的基督徒裡面。新約所記錄的所有神蹟，都是聖父、聖子、聖靈同工的結果。都是神要顯現給人們看的作為，只是有人相信，有人不信，有些人則害怕，這是人們對於超自然現象的反應。

「耶穌死而復活」當是十分明確的事實，否則不會有這麼多人為主殉道，十二個使徒只有約翰一人活到終老，其他人都在不同階段殉道，這些跟隨耶穌的人，如果不是親自確認耶穌是神的兒子，為拯救世人而來，誰會為一個傳言，情願犧牲自己的生命。

信仰與儀式

基督信仰不只是宗教，是真正深入內心的信仰，差別在於是有真實內在的改變，而不只有外在表面的改變。法律無法使壞人變成好人，再多的法律規條也無法使人不犯罪。但是基督信仰可以使「強盜變傳道」、「賭徒變門徒」，晨曦會的牧師也曾是吸毒犯，他說：「關押懲戒並沒有辦法有效阻止毒犯的問題，只有透過信仰的力量離開毒癮，才是徹底戒絕之道。」

現今酒駕肇事屢見不鮮，只有加重刑罰也抑止不了，

因為心裡的癮沒有除去，就像賭徒即使剁掉十隻手指，還是想要賭一樣。「癮」是十分難治的疾病，「毒癮」、「菸癮」、「酒癮」、「糖癮」等，明知都是對身體有害無益，卻很難靠自己戒除。耶穌要我們由內而外的改變，由於內心的改變產生形而於外的行為，是唯一能矯正惡習的方法。宗教往往注重儀式和形式，宗教傳統最令人困擾的地方是，不但規條越來越多，而且漸漸變得不可更動，且無比重要，成了測試敬虔與否的標準。耶穌明確表明：「把宗教變成外表的事而與內在無關，單單只注重外在表現和儀式行為，這是偽善！」

　　耶穌要人防備拿宗教來掩飾貪婪、驕傲與偽善，神能看穿哪些人是故作敬虔，其實內心貪婪、驕傲、偽善。在見主面的時候，祂會說：「離開我去吧！我根本不認識你們。因為你們雖然奉我的名，但是行為全是作假，只有宗教的外表，不是出於愛我而做的。倒是手潔心清的人，這些人深深愛著我，在我心中，他們非常重要。」我們若愛耶穌，就必須認識耶穌的本相，認識祂所有的特質，神討厭人在宗教上的偽善。「這百姓用嘴唇尊敬我，心卻遠離我。」嘴裡敬虔合宜，可是言行不一，在生活中表現出來的舉止卻大相逕庭，這是因何耶穌常斥

責法利賽人和文士的主因。

明辨善惡的神

耶穌是善惡分明的神。祂教導我們要遠離惡事。我們總是為自己的罪辯護，總是想把惡的變成善的，總是為自己的罪行爭辯，想要辯贏，但是錯就是錯。神可以從惡中帶出善的結果，並不因此證明惡是正當的。神大有能力，祂的確可以將我們過去的惡變成善，藉此榮耀祂的名，但我們不能因此為自己的罪開脫。大部分的人認為，犯錯後只要改過自新，熱心行善，就可以塗抹既有的罪，但是犯過的罪並不會就此消失，而是相信耶穌，祂就是那個「絕對值符號」。因為祂擔當了世人的罪，罪才得以赦免，使一切歸正。

耶穌恨惡罪，卻愛罪人，願意救一切相信祂的人。稱一個行為是正當的，就是宣告它是對的，神若不做其他事就赦免眾人，那祂就是錯的。祂怎能算人為義，卻陷自己於不義呢？神使罪人稱義，宣告人在神的眼中是義的，這是因於十字架的救恩，耶穌代替了所有人的罪。因此只要相信，並且持續相信，並有不偏離的信心，人

就能因著信，以至於信。義人必因信得生，即使在各種
苦難下，靠著對主的忠誠而活。

施行公義的神

「義」就是與神建立正確的關係，保羅教導我們來
到十字架面前，而非只遵守誡命，是信心而非行為，是
生命而非死亡，是聖靈而非肉體，是福音而非律法。福
音的好消息，是神賜下拯救的大能，使人在神面前成為
對的，「因信稱義」是因神的恩典成為對的，而不是錯
誤變成對的，因為基督已經除去我們在不認識祂之前所
犯的罪，所以認錯悔改是走向神的第一步。

良心是人類與動物區別的特徵之一，我們必須與之
共存，而且從幼年就曉得它的存在，在做錯事時控告我
們，判我們害怕、羞愧與罪咎之刑。儘管我們的良心和
他人有共通點也有分別，它是我們有「自由意志」的證
據。良心固然會受到成長環境、社會、周遭人的制約，
但是最大的制約仍是我們自己，我們需為自己的良心負
責。現今世界有很多領域和產業，很多人處於泯滅良心
的壓力下，他們抑制良心直到分不清真偽。

　　無良的企業主與無良的商人，把自己不敢吃的商品（添加過多要命的東西）賣給他人吃，把自己不想要的環境（河川污染、空氣污染）製造給他人用，只要有利可圖，就有人為了金錢而泯滅良心。他們對自己說：「大家都這樣做，還不都一樣，我自己一個人做好，是沒有用的。」

　　良心像羅盤一樣，有判斷人生中是非對錯的能力，但是因為自我的慾望，物質的享受，有時我們會受到影響，察驗不到自己的良心。「富足的窮人」、「貧乏的富人」是指精神上，而非物質上的，屬世界和屬神的原則並不相同，屬世界的人，認為財富、名聲、成就是讓人引以為傲的，人一旦成功，就容易誇口，因為自大就容易驕傲。富人如何獲得他的財富？藉著壓榨他人，成為剝削者、欺壓者，而獲得大量財物，古今中外皆然。

　　富人表面獲得龐大財富，享受優渥奢豪的生活，但人生畢竟是短暫的。到那日，我們要為自己的所作所為受審判，神會在那時決定人的價值，一個人真正的價值不是在現今，而是在受審時的價值。如果對其他人毫無價值，那麼在死亡時便成為窮乏人。一個只顧放縱自己情慾，毫不關心他人者，當思考在末後的日子，以何種

面目面對審判的神。

賞罰分明的神

耶穌在世間時，從來不是說悅耳動聽的話，而是提醒世人如何面對永生。神有慈愛、憐憫的一面，也有忿怒、嚴厲的一面，既是賜福樂也是降災禍的神，神是完全公義的神，既是公義也是公平的神，就會賞罰分明，作出最公平的審判。宇宙的道德律中，做錯事就得付出代價，神的忿怒就是這個意思。聖潔的神不會漠視人類的罪與邪惡，這正是神的怒氣所在。創造美好事物的聖潔之神，對破壞一切的罪人所做出的反應，當神的義遇上人的不義，神的正確碰上人的錯誤時，神一定會有反應。神若看著這世界，而對所發生的一切無動於衷，祂就不是有位格的神了。因為神不只是創造美好事物的神，也是摧毀邪惡事物的神。神的怒氣有兩種，一種是延長的，另一種是十分突然，且迅速結束。耶穌曾經教導人們，如何面對末後的日子。

我們每個人都是靈、魂、體的組合，一個部分受影響，另一個部分也會受影響，如果老我的生命，肢體器

官，身體各部分都任由撒但使用，我們的靈命將受很大
影響，因此我們應該拒絕讓撒但作主，不要讓牠支配我
們，不要讓罪告訴我們身體要做什麼，我們的頭若能理
解真理，身體就能拒絕。「豈不曉得你們獻上自己作奴
僕，順從誰，就作誰的奴僕嗎？或作罪的奴僕，以至於
死；或作順命的奴僕，以至成義。」（羅馬書六章16節）

誠實聖潔的神

人的本性，選擇聽愛聽的話，做愛做的事，在許多
時候，做對的事和做好的事是不相同的，對與錯分明可
見，好與壞卻是見仁見智，有時，初時看起來好的，卻
未必是好，初時看來壞的，也未必是壞，因此能正確做
出選擇和判斷，對人的一生來說很重要。一個無法明辨
是非對錯的人，往往造成好人也會做壞事，問題是做壞
事能稱為好人嗎？好與壞經常涉及感覺，但是感覺未必
正確。

「義人」是神眼中看為義的人，義人必須是對錯分
明且堅持只做對的事。在這個是非不分，黑白不明的世
代，好好壞壞摻雜其間，做對的事（行善）未必帶來好

的結果，而做錯的事（行惡）未必帶來不好的結果，以致人不再堅持做「對」的事。我們的良心天生有分辨對與錯，好與壞的能力，只是能否堅持去做就不容易了。「立志為善由得我，只是行出來由不得我。故此，我所願意的善，我反不做，我所不願意的惡，我倒去做。」就連聖徒保羅都有這樣的感慨，何況是一般的人呢？這是因何聖靈需要介入人的生命中，有聖靈的幫助，我們才能克服罪性，有聖靈的教導，我們才能成為聖潔，得以見主面。但是我們無法藉著蓋一棟建築，就保證神會在那裡。唯有當建築物裡面有對的人時，神才會同在。祂乃是居住在有正確心態的人裡面，人的身體是聖靈的殿。祂看護、顧念的人，就是靈裡貧窮、溫柔、謙卑、心靈破碎的人，尋覓虛心、痛悔，知道自己是罪人的人，有悔改向神的心。

我們跟隨神，要不是全心全意，便是毫無跟隨可言；祂如果不在我們生活的每一處，那麼就是不存在我們生活的任何地方。基督信仰是帶著走的信仰，不是只有一個星期的主日才歸給神。難道我們不想神保守我們的每一天，而只保守星期天？靈命成熟是一連串與主同行的步伐，隨著聖靈而行，因此我們所做的每一個道德抉擇，

皆由聖靈引導，我們亦步亦趨，直到進入榮耀裡與神同在。「**不要自欺，神是輕慢不得的。人種的是什麼，收的也是什麼，順著情慾撒種，必從情慾敗壞，順著聖靈撒種的，必從聖靈收永生。**」（加拉太書六章 7-8 節）

「我們雖不是靠善行得救，卻是為行善而得救。」不能因為某事帶來好的結果，就說它本身是好的。某些事雖帶來好的結果，卻不能使那些事變為好事。人做一件「對」的事，首先是動機，正確的動機才能帶出正確的結果，劫富濟貧的「劫」並非正確動機。

唯一真理的神

現代思潮認為所有宗教是殊途同歸，萬法歸一，因此每個人都歸向「天」（神及天國）。世上只有一位獨一真神，而且只有一條道路能歸向這位獨一真神。並非條條大路通羅馬，羅馬是個敬拜各種神祇的地方，連未識之神都拜。「真理只有一個，謊言卻有很多」、「真相只有一個，假相卻有很多」、「對的只有一個，錯的卻有很多」，通往神的道路是單一直行的單行道，外邦人唯一歸向獨一真神的方式是透過耶穌，祂是我們的中

保。耶穌說：「我是道路、真理、生命，若不藉著我，沒有人能到父那裡去。」神一再強調：「在我以前沒有真神，在我以後也必沒有。」「我是首先的，我是末後的，除我之外再沒有真神。」

人一旦拒絕真神，就會按自己的形象來造神，他們完全在自己的想像中建構理念，這是因何許多宗教的神祇都像某些人，和人一樣有人性，還有人的觀念。問題人並沒有辦法靠自己救自己，而像人的神祇，也同樣救不了我們。因為它終究只是人所雕刻塑造的，而附在它身上的靈，滿足了人各樣的慾求。

人們希望神有求必應，問題是有求必應是好的嗎？有些人求財，很多中了頭彩，獲得巨額彩金的得主，最後的下場竟是景況淒慘。物質充裕之後，很多現代人的文明病是「吃」出來的，多一定好嗎？足一定好嗎？多未必好，錢越多越好，那疾病呢？也是越多越好嗎？貧窮的心靈會為了飽足而需要更多的物質滿足，但是那往往是惡性循環的開始，任由物慾來帶領心靈，毀滅是必然的結果。聖靈提醒我們要「節制」，是多麼重要的提醒啊！

富裕社會帶來富裕所衍生的問題，而貧窮的社會當

然也有解決不完的問題，印度社會的種姓制度讓階級不能流通，貧窮的大眾是普遍的情況。羅姆人（吉普賽人）在一千年前從印度北部流浪到中東或歐洲大陸，他們沒有國只有家，在流浪的許多國家中，他們是不受歡迎的二等公民，被視為乞丐、扒手、小偷或人販子。羅姆人不與外族通婚，至今保有特殊的生活習慣。在歐洲的很多國家，受到歧視、迫害，且是經常被驅逐的族群，認為他們是治安上的亂源。貧窮是一種惡性循環，多數羅姆人生活在貧窮線以下，他們居無定所，即使上學也遭受歧視，被視為不潔的人。幾百年來，富裕的歐洲人解決不了這個流浪民族的問題，希特勒曾經屠殺為數眾多的猶太人和羅姆人，想要滅絕他們。

近些年來，基督教在羅姆人的社群建立教會，信仰基督的人逐年上升。耶穌為拯救窮乏的人而來，能拯救羅姆人脫離這苦難世界的也唯有耶穌。

創造萬物的神

耶穌在人世間時，行了許多神蹟奇事，很多人覺得不可思議，並認為是沒有可能的事。耶穌的肉體和我們

的肉體一樣，但是祂講的道不是人能說出的言語，只有神才能說出神的話語，並且藉著神的靈行事。五餅二魚餵飽五千人，在人是不能的，但是那雙擘餅的手就是神的手。唯獨神能做這樣的事，從無中造出有來。人類無法無中生有，即使再巧妙的魔術，也是原本就有的東西。而神既能在起初造出世界萬物，那還有什麼是做不到的呢？

　　起初的創造不也是無中生有？很多人喜歡辯論先有雞還是先有蛋，因為蛋生雞，雞生蛋，誰才是源頭？如果我們相信神造萬物，就會知道答案。我們必然不會問，是先有父母還是先有小孩，卻為先有雞或先有蛋爭論半天。夏娃是為亞當而造的，為了繁衍的目的，讓這世界生養眾多遍滿地面。

　　我們的食物鏈是神的創造，也是一點疑問也沒有的，不然為什麼生物一生下來不需教導，就知道自己能吃什麼？不能吃什麼？神不只負責創造也負責供應，祂是最稱職的父親。我們工廠的產業鏈不能少掉其中一環，否則就成不了事，這也是跟神學的。

聖靈的引領與教導

基督徒在聖靈裡，藉著聖子向聖父禱告，如果要在靈命上深入，必須學習尊崇神的每一位格，要看見聖父、聖子、聖靈都與我們的生命有關，各以不同的方式幫助我們。我的領受聖靈是以懼怕開始，但以信心結束，信心絕不能建立在感覺上，而要建立在事實上。超自然之事會令人不安，神的靈在不安之中闖入，在我們身上做一些令人感到不安的事，許多人不喜歡被這樣打擾，希望一切都在自己的掌控之中，此乃人之常情。我們不輕易將身體給任何力量使用，即使是與我們有益的聖靈，若無聖靈，不可能為耶穌完成使命。沒有聖靈的能力，怎麼可能行耶穌所行之事？耶穌離開時，明確地教導祂會差遣聖靈來到我們當中，為了幫助我們生命更新，為了協助我們達成使命。

基督徒唯一能直接地且個別地與神互動，就是透過聖靈的引導和幫助。很多人害怕邪靈附身，也拒絕聖靈進身。其實這和我們從何處領受聖靈有關，我們大都透過牧者按手領受聖靈，聖靈在我們身上的作為，也是用來分辨何靈在我們身上的依據。我的親身經歷就是最好

的例子，邪不能勝正，除非是自己願意提供邪靈使用，否則聖靈進入後，邪靈必定要出來，聖潔的靈無法和邪惡的靈同處一個空間。我的屬靈經驗讓我完全能體會聖靈的奇妙作為，以及神同在的諸多美好，完全能理解新約聖經所記載的事，都是確實發生的事，可能發生的事。因為耶穌是一位行公義、好憐憫的神！耶穌第一次來，是為了施行拯救而來！耶穌第二次來，是為了施行審判而來。

「你們既作順命的兒女，就不要效法從前蒙昧無知的時候，那放縱私慾的樣子。那召你們的既是聖潔，你們在一切所行的事上也要聖潔。因為經上記著說：『你們要聖潔，因為我是聖潔的。』你們既稱那不偏待人，按各人行為審判人的主為父，就當存敬畏的心，度你們在世寄居的日子。」（彼得前書一章 14-17 節）我們跟隨耶穌的人，重要的是我們能跟隨耶穌，去祂能去的地方嗎？事實上祂升天之後比肉身時離我們更近。祂住在那些相信祂的人心中，幫助他們承受祂的永生。

耶穌是誠實的，祂絕不會讓任何來跟隨祂的人戴著假面具，所以真心跟隨的人，必須先摘掉遮蓋的假面具。跟隨耶穌很簡單，只要帶著「誠實」和「真心」就夠了。耶穌並未應許追隨祂的人，一帆風順無病無災，祂告訴

人要付代價，會有苦難。當基督徒遇到艱難時，應該要問：「神想要教我什麼功課？祂想要對我說什麼？祂因何允許這事臨到我？」因為困難確實來自神，祂要我們經歷並學習，甚至是出於祂的管教。如果不管教，難保我們以後會收取什麼有損無益的成果。

神愛我們也必管教我們，基督的道路，是奔跑天路的開始，且畢生走在正確的路程上，朝往正確的方向前進。基督徒能熬過生活中的困境，克服賽程中的障礙與難關的最大祕訣，就是定睛在未來，而非現在。目前有痛苦，未來有喜樂，目前不幸福，未來有幸福，目前有羞辱，未來有榮耀。思想耶穌，將自己所受的痛苦和祂的相比較，就會有力量繼續奔跑天路，得最後的獎賞，與主共享永生。

回首十年來的經歷，是神帶領我見證自己的生命，而我的見證是為了榮耀神！

國家圖書館出版品預行編目資料

經歷生命的奇蹟——一個基督徒的信仰見證／劉千瑤 著

-- 初版. -- 新北市：集夢坊，

采舍國際有限公司發行，2019.08

　　面；　公分

　ISBN　978-986-96132-3-1（平裝）

　1.基督教　2.見證　3.信仰

244.95　　　　　　　　　　　　　　　　108011026

～理想的推手～

理想需要推廣，才能讓更多人共享。采舍國際有限
公司，為您的書籍鋪設最佳網絡，橫跨兩岸同步發
行華文書刊，志在普及知識，散布您的理念，讓
「好書」都成為「暢銷書」與「長銷書」。
歡迎有理想的出版社加入我們的行列！

采舍國際有限公司行銷總代理
angel@mail.book4u.com.tw

全國最專業圖書總經銷
台灣射向全球華文市場之箭

經歷生命的奇蹟——

一個基督徒的信仰見證

出版者●集夢坊

作者●劉千瑤

印行者●全球華文聯合出版平台

總顧問●王寶玲

出版總監●歐綾纖

副總編輯●陳雅貞

責任編輯●吳欣怡

美術設計●陳君鳳

內文排版●陳曉觀

封面繪者●林芸安

台灣出版中心●新北市中和區中山路2段366巷10號10樓

電話●(02)2248-7896　　　　　傳真●(02)2248-7758

ISBN●978-986-96132-3-1　　　出版日期●2019年8月初版

郵撥帳號●50017206采舍國際有限公司（郵撥購買，請另付一成郵資）

全球華文國際市場總代理●采舍國際 www.silkbook.com

地址●新北市中和區中山路2段366巷10號3樓

電話●(02)8245-8786　　　　　傳真●(02)8245-8718

全系列書系永久陳列展示中心

新絲路書店●新北市中和區中山路2段366巷10號10樓　　　電話●(02)8245-9896

新絲路網路書店●www.silkbook.com　　　華文網網路書店●www.book4u.com.tw

跨視界‧雲閱讀 新絲路電子書城 全文免費下載 silkbook○com

作者劃撥帳號●50158791　　　　戶名●劉千瑤

通訊地址●汐止龍安郵局第133號信箱

電子信箱●lifemiracle0626@gmail.com